かんがえる国際法

INTERNATIONAL LAW: A Very Short Introduction was originally published in English in 2015. This translation is published by arrangement with Oxford University Press. Hakusuisha Publishing Co. Ltd is solely responsible for this translation from the original work and Oxford University Press shall have no liability for any errors, omissions or inaccuracies or ambiguities in such translation or for any losses caused by reliance thereon.

かんがえる国際法＊目次

装幀＝コバヤシタケシ　組版＝鈴木さゆみ

第一章　法の下にある諸国家

人は生まれながらにして鎖につながれているかのように不自由である。しかし、どこにおいても自分は自由であると考える。仮に突然、他の人々の助けがないまま、自分自身の食べ物、飲み物、電源、衣服などを確保しなければならないとすれば、わたしたちの誰も有意義で実り多い生活を送るどころか、長く生きながらえることもできまい。都市環境に住んでいると、ほとんど気づかないまま生活を支えてくれるサービスと科学技術を他の人々が提供してくれることにとくに依存している。実際のところ、他人から恩義を受け、世話になるのは、世代間にまたがることである。枝木をこすり合わせて火を熾し、精錬して鉄を造り、電子制御機器を使ってマイクロチップを製造することを知っていても、仮に大地が生み出す原材料から始めるとすれば、地面を掘るための道具を作る工程、工業生産の動力源となるエンジンを組み立てること、たとえばマイクロチップの製造に進むために必要なレベルの機械的精度と知的技能を達成することは、どの人の人生よりもずっと長い時間を要するだけでなく、長期プロジェクトを組織する人間の社会的能力をおそらく凌駕するだろう。わたしたちの文明は脆弱に絡み合った相互依存関係によって一つにまとめられているのである。

人間が社会の中でのみ生存することができる社会的動物であること、すなわち、誰しも自分個人の必要条件として社会につながれていることは明らかである。個人が私有する富、所有物および権利と見なされるものが存在するのは、実際には、その社会を構成する他のすべての個々人の協力があることによってはじめて可能となることなのである。しかし、同様に明らかなのは、個人および社会の発展の両方を駆り立てる影響力のうち最も強力なものの一つが、目標、願望、原則、権利、義務としてであろうと、あるいは他の何らかの教訓的な役割においてであろうと、自由という観念なのである。自由と社会の間にあるこの関係は、世界中の国歌に典型的に示されている。国歌というものは、政府がわたしたちに連帯、国民としてのアイデンティティ、また、もちろん政府への忠誠を表すために歌ってほしい歌詞なのである。そして「自由」はこのような国歌に見られる断然最も共通の主題なのである。

個人が本来的に社会に依存しているという事実と、自由の主張が広範になされていることとの間に対照的な違いは、よくある見解に思われるかもしれない。基本的な真理とはしばしばそういうものであり、その含意と帰結を見極めることに役立つ。ここでの重要な帰結は、国際法の機能が、最も基礎的なレベルにおいて、主権国家の共存を確保することであるという点であ何かルールがないとだめなのか？

図１　諸国家が共存できるようにするためにはどのようなルールが必要なのか？

る。国際法は社会および社会関係の規律化、またルールと原則の体系を創り出し、そのような国際法の作用を通じて、人間が拘束を受けていても傲然と自分の自由を肯定するというパラドクスが国際的規模で解決されるのである（図1参照）。

主権国家という神話

国際法学者は、当然のことながら、国家間関係という見地から上述の規律化について考える。国家の性格がどのようなものであれ、民主国家あるいは神政国家であろうと、自由主義的あるいは抑圧的であろうと、平等主義的あるいはエリート主義的であろうと、いずれにせよ、最も重要な社会的構成単位として、個人の行動を外部から制約する主要なものとなるルールと価値が内部で結び付けられているのは、国家なのである。

国家に焦点を当てるのは、世界中の人々が現実にどのようにして相互に関係しているのかを観察して得られる結論ではなくむしろ、作業想定、選択および特徴づけの問題ということである。実際のところ、人は一定範囲のさまざまな集団に組織され、そこに加わり、あるいはそこに生まれる。そのような集団には家族、部族、都市、職業、宗教・宗派、政党、州、民族、国家連合、国家、地域などがあり、際限がないわけではないが非常に多数ある。個人のアイデンティティは、これらへの忠誠の組み合わせの所産、また、そのような忠誠の放棄または拒絶の所産である。

もしあるときまたはある状況で、最も有力で適切な区別が、どの都市や地域に住んでいるか、どの宗教に属しているか、あるいは、どのサッカー・チームを応援しているか、どのコンピューターOSを使っているかに向けられているものであるとすれば、社会生活について公に語ることを意味する日々のニュースや政治討論や歴史時代が、その異なる焦点を反映するよう組み立てられているのがわかるだろう。さらに言えば、テレビで地方ニュース番組は全国ニュースと国際ニュースの後に放映されることや、新聞の全国紙と地方紙、またゴシップはさまざまな範囲の社会的関心を反映することなどのように、異なる焦点が併存するのは普通のことである。社会生活の一面だけで生きる人は誰でも、多分、聖人か異常なくらい退屈な人だろう。しかし、少なくとも国際問題に関心のある人々にとって、その世界観は全国的または国際的な新聞とテレビ放送により形作られるので、政治と経済が組織化される主要な単位は依然として国家である。すなわち、独立の主権国家であり、その本質は他のどの組織体の権力にも服さないということ、また、他の集団との関係はそれが従属する他の何らかの組織体による義務と命令ではなくむしろ、同意と協定の問題であるということである。

諸国家が享受するこの独立性は、政治的原則の問題として最も明瞭に現れる。権力者は、主権平等、および、他の諸国の権力者との関係における国家の独立という原則を認め、遵守するのが普通である。これらの原則は、義務感に導かれて服従することを想定し、誰が誰に何をすべきかを日常的に告げることができるかを決定する。警察、地方政府機関、軍隊などは、他の国家や組織体の法と秩序ではなく、自分が属する国家の中央政府が定める法と秩序に日常的に従う。中世の医者が短気と嫉妬を過剰な胆汁質の徴候と解したのと同じように、他の方面から出される指示は「主権の喪失」の表れと受けとられる。主権はすべての国家が平等であること、すなわち、各国家は他の国家から指図を受けない権利を有することを意味する。

もちろん実際には、状況は異なる。法の前の独立と平等の尊厳を原則として有する個人が、雇い主、警察官、誘拐犯や、自分にたくさんの利益やひどい害悪をもたらすことができる他人の意向に特別の配慮を示しがちであるのと同じように、世界中の多くの国家は一般に、地方や地域の超大物、グローバルな超大国の意向に従う。

独立国家として扱われる社会集団の規模と境界は、それ自体いくぶん恣意的である。個別の国家の形をとったかもしれない集団全体が、単一の国家の傘下で一緒になっていることがある。ハワイ、カリフォルニア、アラスカ、またニューハンプシャーのような個々の州がアメリカ合衆国を構成しているのは、その一例である。ジョージア、アゼルバイジャン、ロシア、またベラルーシのような個々の共和国が一九九一年までソヴィエト社会主義共和国連邦を構成していたのは、もう一つの例である。逆に、ソ連やユーゴスラヴィアやスーダンは、長年存続した単一国家がもっと小さな構成単位に分裂するかもしれないことを示している。

多くの国際紛争の背景にあるのは、このような集団構成の恣意性である。チェチェン分離主義者はチェチェンがロシアの一部として編入されるべきではないと考える。タミル・イーラム解放の虎は、スリランカ北部にタミル・イーラム国家が分離して存在すべきであると考えた。ウクライナ分離主義者は、ウクライナと袂を分かってロシアに再編入されることを望んでいる。他方で、欧州連合(EU)の加盟国を単一の連邦国家に統一するという連邦プロジェクトがヨーロッパ内で追求されるべきであると考える人々が存在する。

社会的単位の分離と結合は、その規模や性格がどのようなものであれ、革命的であることはめったにない。中央から地方への一定の統治権限の分権化、加盟国から欧州コミッションへの権限の移転などに見られるように、それは通例、政府当局間で特定の権限を徐々に移転することにより生じる。やがて、他に比べて重要になる構成単位と、重要でなくなる構成単位に分かれるようになる。過去千年にわたる都市、独立自治体、国家およびEUの相対的権限の盛衰は、その好例である。社会的単位相互の関係は、さまざまな種類の法規により処理される。たとえば、憲法は、国家の内部構造および中央地方の統治関係などの事項を扱うし、EU法はEUの構造、また加盟国の行政府、立法府および裁判所との関係、さらに非EU諸国家との対外関係を扱う、等々である。国際法は、独立主権国家間の関係に焦点を当てる。それは、社会的および政治的生活の諸構造に切り分けることができる多くの横断面の一つなのである。

主権平等

主権国家という観念は、宗教的あるいは世俗的な帝国を基礎とする政治的関係の規律化が衰退して以降、過去二、三世紀間に政治生活を支えてきた神話的原則の一つである。主権、あるいはもっと正確には主権平等という観念は、人が生まれながらにして、かつその後も自由であり、権利において平等であるという原則、つまり、「自分がかけがえのない存在であることを忘れないようにしなさい、他の誰もがそうであるように」とピンバッジに書かれていることを、国家の間に言い換えたものである。国際法において、この原則は「国連憲章」第二条に反映されている。そこには、国連は「そのすべての加盟国の主権平等の原則に基礎をおいている」と記されている。

中国（CIAワールドファクトブック（*CIA World Factbook*）によれば、二〇一四年の人口は一三億五六〇〇万人と推定され、面積は約九六〇〇万平方キロメートルである）とナウル（人口は九四八八人と推定され、面積は約二一平方キロメートルである）は、平等な主権国家であり、国連総会では加盟国として各々一票の投票権を有している。中国がナウルに対して、たとえば「気候変動枠組条約」に署名するよう強制できないのと同様、ナウルも中国に対してそのように強制することはできない。とはいえ、両国は実際には他ならぬその条約の当事国となることを選択している。人間生活と同じく、力と富に大きな違いがあっても、法の目で見れば（他の目からはそう見えないとしても）力も富も一方の意思を他方に強制することはできない。

主権平等原則が個々の国にとっていかなる実際上の価値があるのかは、興味深い問いである。しかし、その原則の国際法システムに対する重要性は非常に大きい。それは、国際法システムの構造上の基本的特徴を生み出している。

あらゆる国家は、他の国家と自由に条約を締結することができ、条約当事国になることに同意しない限りどの条約も国家を拘束しない。あらゆる国家は、その行為により、慣習国際法上の新たなルールの確立をめざして着手することができる。多数決により決定がなされる国際機構の大多数において、各国家の投票権は平等である（国際通貨基金や欧州連合のような例外が存在する。そこでは、国際機構の活動に関連する国家の相対的重要性、すなわち、各国経済の国際的な相対的重要性を反映するよう表決力が加重されている）。あらゆる国家は、自国の行動および自国の外交官について、他のあらゆる国家の裁判所の管轄から同一の免除を享有する。主権平等の表れは、以上の他にも存在する。

もちろん、他の国家よりもずっと活動的で影響力の大きい国家も存在する。しかし、小国であってもかなりの影響力を持つことがあり得る。一九八〇年代においてマルタは、地球の面積の七〇パーセントに関して法制度を定める海洋法の大きな改革において、決定的な役割を果たした。また、それ以前の時代において海洋法分野で見られた最も重要な発展のいくつかは、ペルー、チリおよびエクアドルにより始められていた。多くのことが国家の代表の個人的資質にかかっている。構想力に富み、熟練した大使や外務大臣ならば、自分が代表する国家の規模にまったく比例しない大きな影響力を行使することがあり得る。しかし、驚くべき速さで意見が拡散される世界において、誰が時代の要請を充たす発信をするかはほとんど重要ではない。贈収賄や拷問や政府輸出補助金を抑制するための条約を求める声がどのように上がったのかを、誰が今でも憶えているだろうか。

主権平等原則が含意することは、国際法上の特定のルールから見極められる。たとえば、「条約法に関するウィーン条約」(ウィーン条約法条約)は、強制により達成された条約は無効であると規定しており、各国家は条約により拘束される旨の同意を自由に表明しなければならず、いかなる国家も他国に対して自国の意思を強要する権利を有しないという原則を反映している。後述するとおり、いかなる国家であっても、他の国家に対して武力の威嚇または行使および経済的強制を行うことは禁止される。もっと微妙な点として、国家の平等は、国家管轄、すなわち国家が人々および事件を自国の法と裁判所に服せしめることができる範囲を規律する諸原則により保護されている。これらの諸原則は、各国家が自国の国内法（domestic law または municipal law、後者はイングランド法やスコットランド法のように、国家または国家の一部の内部で適用される法を指すことが時にある）の施行によりどのような種類の社会を国境内で維持しようとするのかを自分で決める能力を保護している。

国際法システムにおける国家の中心的役割のゆえに、国際法の歴史は政治概念としての国家の歴史と併行しているという見解が一般に持たれるようになっている。近代国家システムは、一七世紀半ばにおけるウェストファリア条約、あるいはルネッサンス期におけるイタリアの都市国家の台頭にさかのぼると言われることがある。他方、国際法が学問的および職業的ディシプリンとして独立したのは、一七世紀オランダの博学者かつ外交官であったフーゴー・グロティウス（Hugo Grotius）、また、エメール・ド・ヴァッテル（Emer de Vattel）のような彼の後継者による著作においてであったと言われる。そのように言われていることは、アルベリコ・ジェントリ（Alberico Gentili）のような著述家にとって、またビトリア（Francisco de Vitoria）やスアレス（Francisco Suárez）のようなもっと前の時代の法学者にとっても、少々不運なことである。なぜならば、オックスフォード大学の教授であったジェントリの研究は、グロティウスよりも先行しており、法的素養の点でも十二分に匹敵していたからである。また、ビトリアとスアレスはスペイン帝国による新世界の征服の法的側面についてすでに議論していたからである。しかし、そのような簡略化された歴史では、次の三点で要点を捉えそこなっている。

第一に、多国間の関係が常に存在していた。ヨーロッパの独立国家システムが常態化するよりずっと前に、帝国は隣接する帝国、国家および属国と関係を有していた。第二に、欧州の外には、豊かで、ずっと古い歴史のある著作が存在しており、グロティウスの著作と同じくらい「国際法」的である。一九世紀イラクの法学者であるシャイバーニー（Shaybānī）および、それよりも千年以上前のインドのカウティリヤ（Kautilya）が、最も有名である。そして第三に、私の見解では、書物に焦点を当てるのは誤っている。国際法の本質を伝えるのは官僚制度と習慣である。国際法学者はそれを単に体系化しているにすぎない。二一世紀諸国家の関係に適用される原則および儀式には継続性があり、それは政治コミュニティの間を往き来した外交官、仲介者および伝令の最も初期にさかのぼることができる。古代バビロンの条約は近代の条約と同一種類の行為および文書であると認識できる。国際法の始まりを求めるとすれば、どこかの族長や王の専門的補佐官が他の高官のために、外部の支配者が行った約束および外部のコミュニティとの交際方法（かれらに対して戦争を行う「適切」な方法を含む）を最初に記録した時代にある。

国家と国民

現在、世界は二百近い主権国家に分かれている。その数は、しばしば、古い国家がなくなり、また新しい国家が生まれることがあるため、おおよそのものである。たとえば、マレーシアとアラブ首長国連邦は、植民地支配の時代以前に独立していた国々の連合によってできたものである。一方で、脱植民地化の時代には、植民地だった地域が、それまで「海外領土」と呼ばれていた地域の国際関係を担っていた大国から独立し、多くの新しい国家が生まれた。

一九四五年以来、主権国家の数が三倍以上に増えたのは、脱植民地化が主な要因である。また、ソヴィエト連邦やユーゴスラヴィア連邦のように、(しばしば、もともと独立国や君主国が合併・併合により) それまで一つの国であったものが、分裂して生まれた国もある。

「北キプロス・トルコ共和国」(TRNC)、および、トランスカイとシスカイといった南アフリカのバントゥースタンのように、国家であると主張しているが、樹立させようとした国家(それぞれトルコと南アフリカ) 以外のどの国家からも認められていない国もわずかに数えるほどだが存在する。同様に、パレスチナとコソボのように、国家として存在を主張し、多くの国家から認められているものの、(いまだ) すべての国々から承認されているわけではない構成体もある。このような構成体の位置づけは往々にしてあいまいである。しかし、あいまいであるのは主に、国際法のルールを公平に適用した場合、通常ははっきりとした結論がでるものを、一部またはすべての国家が受け入れようとしないことに起因する。たとえば、国連からパレスチナを締め出しているのは政治的な対立であり、国家としての法的条件を満たしていないというわけではない。

国際法上、国家であるためには、永続的な住民を持つことが必要である。南極大陸が主権国家になりえない理由の一つは、住民がいないことである。研究者と観光客しかいない（南極大陸は誰のものでもないというのが一般的な見解だが、イギリス、フランス、オーストラリアなど、ごくわずかな国家がその一部の領有権を主張している）。またその住民は、常に住民のほとんどに命令し、服従させることができる実効的な政府の下に組織されていなければならない。国家システムの中心的な目的は、地球上のあらゆる社会と地域において、代表する実効的な機関がそこに存在することを前提に、国家間の取引を行うことであり、その結果から生じる権利と責任を負うことである。

国際法上、国家ごとにたとえ極めて狭くとも物理的な領域を持たなければならないという要件は、国家としての必須条件の一つである。土地はもともと「征服によって特定の主権者の支配下に置かれる」ものであり、征服は二〇世紀前半まで合法的な領域取得手段として認められていた。今日では、領域権原（国による領域の取得が正当と認められる事実）は、条約による領域の割譲や、時効に基づき領域権原を生じさせることができる、領域の長期にわたる平穏な占有など、平和的手段によってのみ変更することができる。国家の境界の全線が正確に確定されている必要はない。イスラエルは、インドと同様に国境が完全に確定する前に国家として承認された。しかし、たとえ確固たる境界が未確定であっても、特定の場所に国家が存在することがはっきりとわからなければならない。

サイバースペースの仮想世界がどんなに洗練精緻になっても、国際関係の地図に載ることはない。しかし、仮想国家が出現する可能性を否定することには、慎重でなければならない。バチカン市国は、その小さな面積（CIAワールドファクトブックではゼロとされているが、実際は約〇・四四平方キロメートル）とわずかな人口（推定八四二人、自立は不可能）にもかかわらず、主権国家として受け入れられている。バチカン市国は、一九二九年のラテラノ条約によって近代国家としての地位を確立し、バチカン市国とともに、そこに所在地を置く教皇庁は、世界中のローマ・カトリック教徒（多分より正確にはローマ・カトリック教）を代表する存在として認識されている。バチカン市国は歴史的に特異な存在として説明されるかもしれないが、これからも国家として存続することが一般的に受け容れられているようである。ローマ・カトリック教には、たとえばイスラム教やヒンドゥー教がそうでないように、今日、国家レベルの代表権を必要とするような特徴はなく、また、他の非宗教的な仮想社会の代表権について、なぜ同様の主張がされるべきではないのか理解することは難しい。しかし、現在では、すべての国家は物理的な基盤を必要としている。永続的な住民および実効的な政府とともに、領域は合法的な国家としての基準の一つである。

第四の基準は、一般に他国と関係を結ぶ能力であり、主体が自国の外交政策を自由に決定して実施し、他国の支配を受けないことが必要だと理解されており、これも主権平等の原則の表れである。TRNCが現在、また、南アフリカのバントゥースタンが過去に、国家として認められていないのは、この最後の独立という要件があるからであり、それぞれがトルコと南アフリカに完全に依存していると見なされている。

国家によっては、また一部の国際法研究者・実務家によれば、いわゆる「正当性」という第五の基準、すなわち、その構成体が必要とされる独立を国際法に合致する方法で達成したという基準もあると考えられている。TRNCとバントゥースタンの不承認は、この点からも説明できる。前者は一九七四年のトルコによるキプロスへの武力侵攻、後者はアパルトヘイト政策の実施によるもので、いずれも他のほとんどすべての国家から国際法違反と見なされている。「正当性」が必要か否かという問題は、判断するために法廷に持ち込まれる可能性が低い問題であるため、決定的な答えがないままである（ただし、コソボの地位に関する二〇一〇年の国際司法裁判所の勧告的意見にその側面が現れている）。国内裁判所の裁判官は、実際には自国政府の例に習うが、政府が、なぜ新しい国家を承認するのかしないのかの理由を説明することはめったにない。これは国連加盟候補国が、加盟を勝ちとるために十分な支持を得られると確信するまで実行されることはないだろう。国際的には、安全保障理事会の勧告に基づく総会の投票によって決定される。

自決

以上が国家としての要件であり、構成体が国家として扱われることを望む場合に満たさなければならない基準である。国際法には、国家としての権利を積極的に認める重要な原則がある。これは、「国連憲章」第一条に謳われている「人民の同権および自決の原則」である。一八九六年のロンドン国際大会で採択された「すべての民族の自決」に関する決議など、初期のマルクス主義的文書にしばしばさかのぼることができるが、自決をナショナリズムから切り離すことは困難である。この法原則の本質は、いかなる民族も異民族の支配、特に植民地支配に服してはならないということである。

だからといって、自決が必ずしも独立を意味するわけではない。民族は独立を選択しても、何らかの形で独立国との自由な連合を選択することもあるし、あるいは独立国との統合もあり得る。イギリス政府が自決権を有すると見なしているフォークランド諸島、マルビナス島とジブラルタルの人々は、住民投票によって選択することができ、イギリス領のままである。

自決の原則は、「人民」に帰属する。民族、言語、文化、歴史などの共有と区別は、「人民」を識別する類の特徴である。たとえば、フィンランド人およびサハルウィ人は「人民」である。一九六〇年、国連総会決議第一五一四号（XV）（「XV」は、一九四五年の設立日から数えて国連の年次会期を意味する）は、植民地国および人民への独立の付与に関するものであり、自国が責任を負う非自治領において自治を発展させる国家の義務に関する決議第一五四一号により補足されて、自決権の詳細の一部について明文化したものであった。しかし、「人民」についての有権的定義はない。しかし、専門家団体が「民族意識」を決定する基準を勧告し、ユーゴスラヴィア連邦の解体などの出来事に関する決定に際して、この問題についての詳細な分析が行われたことがある。

明確な定義がない理由は、この問題が非常に物議を醸すからである。アルゼンチンおよびスペインは、マルビナス、フォークランド諸島やジブラルタルにいるような「入植」住民には自決権がないとの見解を示している。予測不能な人類の歴史を考えると、その領域に根ざした自国民だけが権利を有するという考え方は、アメリカやイギリスなどの国々の立場を考えても明らかなように、自決権の範囲を著しく制限することになる。「入植」住民に対し異論を唱える

図2　バスク人は自決を主張する集団の一つである。この壁画は、共和派ベルファスト地区の壁に描かれたものである。

ことは、植民地時代の特殊な痕跡に対する反論と見なした方がよい。

自決権には、追加的かつ一層明確な制限がある。一九七〇年にコンセンサスにより採択された国連総会決議第二六二五号（XXV）、すなわち、「国際連合憲章に従った諸国間の友好関係及び協力についての国際法の原則に関する宣言」（友好関係原則宣言）は、自決が、既存の主権国家および独立国の領土の保全または政治的統一を損なうような行動を承認または奨励しないことを定め、国家の一般的理解を反映させたものであった。それは政治的統一を損なうような行為を認めるものでも、また奨励するものでもないと規定している。すべての締約国は、ヨーロッパの植民地主義を終わらせることが望ましいという点では一致していたが、バスク人、タミール人、チェチェン人、スコットランド人、その他多くの人々に国内の分離独立運動を助長するような内容で原則が起草されることは、誰も望んでいなかったのである（図2参照）。このような集団は、法的な承認をすべて拒否されているわけではないが、彼らは、自決する権利を有する「人民」としてではなく、国内で特別な保護を受ける権利を有する少数者として、一九九五年の「少数者に関する欧州枠組条約」などの法的文書に基づいて扱われる。

構成体が、国家としての基準を満たすこともある。その人民は、さらに自決権を有することもある。しかし、国家として承認されるとは限らない。パレスチナはその最たる例である。一九七五年に国連が設置した「パレスチナ人民の固有の権利行使に関する委員会」(パレスチナ委員会)は、パレスチナ人の自決する権利を明確に認めた。また、永続的な住民、合理的に明確に定義された境界を持つ領域、実効的な政府、および他国からの独立という要件は、他のいくつかの構成体が国家として国連加盟を認められたときと同様に、少なくとも十分満たされていると言ってよい(イスラエルはパレスチナ領域の一部を軍事占領しているが、パレスチナ領域の一定の部分(特にエルサレム周辺)に対してのみ主権を主張し、パレスチナ全体が合法的にイスラエルの支配下にあるとは主張していない)。しかし、パレスチナはいまだにアメリカ、イスラエルおよびその他の国々から国家として承認されておらず、実際、パレスチナ問題についてのイスラエルとの包括的解決の枠外で一方的に国連への加盟を求めたために、イスラエルから制裁を科されたことがある。

この逆説的な立場をもたらした理由は、国家としての法的基準は明らかに満たされていても、いかなる構成体も他国に対して国家として承認することを強制できないことにある。承認は依然として高度に政治的な行為であり、純粋に政治的な判断の問題として、ある国家が他国の承認を拒絶することもあり得るのである。両者とも国家としての法的基準を満たしているにもかかわらず、パレスチナを承認しない国家もあれば、イスラエルを承認しようとしない国家もあるので、ある時点では、不承認の方が政治的安定と正義に資すると判断することもできる。承認が留保されるのは、永続的な政治的解決に向けた圧力が高まることを期待してのことである。

ある国家が他の国を承認することは、通常、外交官の交換など、何らかの正式な段階を踏むことによって示され、不承認の場合は、未承認国を国際条約の当事者国として受け入れることを拒否することやその外交官を認めることを拒否するなどの措置、また、明示的な声明によって示される。

しかしながら、国家としての客観的基準を満たす未承認国が、存在しないものとして扱われることはあり得ない。たとえば、いかなる国家も未承認国の領域に侵攻する権利はない。しかし、ある国家は他の国家とのいかなる国家間取引（通常の外交関係）も拒否することができ、また、国家にのみ開放されている国連やその他の国際機構において、ある構成体の加盟申請に賛成するか反対するかを決めるうえで広範な（しかし無制限ではない）裁量権が国家に認められている。

かつては、選挙ではなくクーデターなど憲法に基づかない手段で権力を握った外国政府を公式に承認することは珍しくなかった。このような実行は二〇世紀に入るとほとんどの国によって行われなくなった。その主な理由は、ある国家が他の国家の政府を「承認」すると主張すること自体が不適切であると考えられたことと、いかなる特定の場合に承認するとしても、暴虐と腐敗という極めて有害な組み合わせによって誕生した政権を他の国家が承認したと解釈されるおそれがあるためであった

政策の問題として、イギリスは一九八〇年に外国政府を承認することを正式に放棄し、議会声明でその政策変更を公表した。ところが、二〇一一年に従前の実行に戻り、リビア内戦が発生した当初に「反乱軍」政府を今後、正当な政府として承認し、暗にトリポリの現政権に対する承認を取り消すことを表明した。この表明は、弦楽四重奏曲の第二楽章が終わった後の拍手と同じくらい適切で有益なものであった。

不承認によって、たとえば、ある政府が支配する領域内で制定した法および行った行為に対しある程度の尊重を示すなどの基本的な権利を当該政府から奪うことはできない。しかし、生活を非常に困難にすることはできる。たとえば、未承認の政府は、国家の銀行口座にアクセスすることができず、国際機構において当該国家の議席を占めることもできない。また、もっと広範に言えば、外国政権を正当な政府として扱うことを拒否することによって政治的および経済的影響が及び、同政権の国際関係に参加する能力が著しく制限される可能性がある。

本題に戻ろう

要するに、政治的に見れば、世界は、学校のカラー地図帳に描かれているように、（ほとんどの場合、議論の余地なく）国々に分割されているということである。これらの国家は主権独立の保管庫なのであり、法および政府の行動によって社会秩序が確立され、あるいは裏付けられている限りにおいて、その国家を統治する者に国内で通用する社会秩序の性質を選択し決定する権利を与えている。

国際法が扱うのは、このような国家であり、また、国家間の関係である。国際法は、国境の安全、また、近隣諸国による侵略と強制を受けない権利を定めている。また国際法は、それぞれの国家がその政治的、経済的および社会的組織形態を選択する権利を支えるものである。それは国家間の関係を経済的、政治的、外交的な活動全般にわたって処理するための仕組みと手続きを提供し、さらに、貿易、結婚、観光、組織犯罪、あるいは他の何らかの人間の創意と積極性の対象にかかわらず、個々の市民が国境を越えて旅行し、取引することを選択できる枠組みを提供する。そして、国家の管轄権、すなわち、人々が何をしてよいか、何をしてはいけないか、また、どのように、いつ、どこで、誰と、そうすることができるかを示す法を制定し遵守確保を行う権利の範囲を規制することにより、国家という社会的単位の実際の範囲を決定するのである。

第二章　国際法はどこから来るのか？

国際法はどこから来るのか。この問いの中には、関連するが性質の異なる事項が結び付いてもつれを作っている。国家があれこれしなければならないと、誰が言うのか。なぜ国家は法に従うのか。もしも、法のルールがそもそも国家によって形成されたのであれば、それらは国家にとって重大な制約であると本当に見なされ得るのだろうか。このもつれは、この段階で有用に解きほぐされることができる。

この問いへの簡潔で伝統的な答えは、国際法のルールは、条約と慣習国際法という、どちらも国家によって作られる二つの主要な源泉に由来し、したがって、国家は自らを拘束することを選んだルール、すなわち、自らが同意したルールによって拘束される、というものである。しかしながら、この簡潔で形式的な答えでは、国際法が本当はどのようなものであるか、または、それはどのように機能するのかが、ほとんど見えてこない。

実際は、世界中で、公務員が官公庁で日常的に国際法の枠組みの中で業務を遂行している。

企業の幹部と個々人にとってもまた、自分が国際法に関わる範囲は急速に拡大しており、その限りでは公務員と同様にしている。それは、国際法が彼らに制約を課しているというよりはむしろ、国際法のルールは、国際取引が行われる通常の方法、すなわち、官民両方の国際業務管理組織の手引きとして暗黙裡に受け入れられたルールと原則を広く規定しているので、ほとんどの場合、国際法に反して行動することは、意識的な努力を必要とする。習慣、無気力、そして、誤った決定を行ってキャリアと年金を危うくしたくはないという被雇用者に広く浸透している願望、これらが、国際法に非常に強い拘束力を与える入り混じった気持ちの主な構成要素である。「なぜ、あなたはそれを行ったのか」という問いに対して、「誰もがいつもそうしているし、法でもそうすべきだと定めているから」という以上の答えがあるだろうか。

この官僚的な惰性がいかにして働くのか、慣習国際法と条約の性質をもう少し綿密に検討すれば、より明確になる。

慣習国際法

慣習法は多くの国内法制度、特にアフリカとアジアに、しかし、それ以外のどの地域でも存在する。イングランド法では、たとえば、殺人は成文法でつくられた犯罪ではなく、コモン・

ローの下での犯罪であり、慣習法制度として発展した。

慣習法制度は、慣習国際法も含めて、特定された慣行（practice）〔以下、本書では同義で「実行」と訳出している場合がある〕の一定不変性に根差している。いくつかの行動のルールは、社会にしっかりと植え付けられるようになり非常に重要なものと考えられているために、それらの違反は、特に重大であると見なされ、単に社会的な非難だけでなく、逮捕、罰金、拘禁などの組織化された法執行による制裁も含めて法的制裁を受ける。たとえば、外国の国家元首およびその外交使節は、遠い昔から現地の裁判所の管轄権から免除されることが認められてきた。そのような免除の付与の慣行はしっかりと確立している。それは、事実上すべての国によって実質的に常に守られていて、一九七九年のアメリカ在テヘラン大使館でのアメリカ人外交官および領事官の拘束は、非常にまれな例外であり、国際法違反として非難された。その慣行が一般性を有することにより、そのような免除が慣習国際法の一つのルールとして確立された。そのため、大使を拘禁することは、単に非友好的で不親切な行為としてだけでなく、権利および義務に違反し、それに対して法的制裁が適用され得る行為として見なされるだろう。

ある慣行が慣習国際法のルールになるためには、すべての国家がその慣行に同意していることが必要なわけではない。相当の数の国家、とりわけ、主要な国家やそのルールによって特に影響を受ける国家が同意していれば十分である（たとえば、ロケットを宇宙空間に打ち上げる能力を持つ一握りの国家は宇宙法によって特に影響を受ける国家であるように）。何よりも重要なことは、想定されているルールに対してほとんどまたは全く異論がないこと、すなわち、そのルールに対し、著しく異なった慣行または反対がないことである。

国際法研究者・実務家が慣習国際法のルールの出現を説明するためにしばしば用いる隠喩は、歩道である。その隠喩には限界があるが、おおむね役立つ。数人によるか多数によるかにかかわらず、同一の通り道の定期的な通過が識別できる道を作り上げる。そして、もしも、その道に従って歩くべきであるという合意があれば、そこから脱線する人、または新たな競合する道を作ろうとする人がほとんどまたは全くあらわれず、それは明確な道になるであろう。しかしながら、もしも、人々がその場所一帯をさまよっていて人が通った明確な通り道がないとしたら、人々が特定の一つの道筋に従うことを一般的に期待することはできない。

外交免除に関するルールのように、法的ルールの性格を有する規則的な慣行は、同じように一貫して従われているかもしれないが厳格な「法」ではない慣行、たとえば、最貧国の政府間債務を時々免除するなどの慣行とは区別される。重要な点は、ある慣習国際法のルールを証明するためには、国際的な慣行が、単に事実として大多数の国家によって従われていなければならないだけではなく、それに加えて、法的に拘束力のあるものであり、それゆえ、その慣行に従うことは単なる選択や政策の問題ではなく法的義務であると考えられていなければならない、ということである。ルールが実際に法的な拘束力を有し、したがって、国家はその慣行に従事する法的権利（または、そのルールの内容によっては義務）を持つ、また逆に、したがって、その慣行に反して行動する国家は国際法の下で制裁に直面する責めを負う、という確信は、法的信念（*opinio juris*）という専門的名称で知られている。

国家による通常の慣行のうち、どれが国際法のルールにより規律されるものと考えられるのかは、国家の役人がその慣行についてどう述べているかを見ることによって知ることができる。たとえば、一九八四年に女性巡査のイボンヌ・フレッチャー（Yvonne Fletcher）がロンドンのセント・ジェームズ・スクエアにあるリビア人民局の窓から狙撃されて致命傷を負ったとき、イギリス政府は公式に、その建物が外交使節団の拠点である限りは免除を享有し、警察にはその中に立ち入る権利は与えられていないという立場をとった。政府報道官は、免除に関する国際法に拠りその慣行に従ったと説明した。ただし、イギリスは、国際的慣行に従って、リビアとの外交関係を終了するために迅速な行動をとり、使節団の閉鎖を命令し、それ以降、（そして、使節団のスタッフに施設を明け渡して去る機会を与えてから）その外交免除は失われた。これらの行為は、政府による自らの行動に関する説明という形での法的信念と相まって、イギリスによる外国公館の免除に関するルールの遵守を証拠づけた。そのような出来事は、他の諸国による類似の証拠とともに、諸国家の間で「法として認められた一般慣行」の描写を作り上げる。

政府見解の明確な声明をくまなく調べて法的信念の証拠を探し求めることは、慣習国際法のルールを確認する骨の折れる方法である。大部分は、何が慣習国際法のルールであるのか一般的な合意があり、それらのルールは国際法の教科書の中に系統的な様式で提示されているのを見つけることができる。

ルールがしばしば破られたとしても、問題ではない。慣習国際法は、むしろ宗教のようなものである。もしも、わたしたちが、ある特定の宗教がわれわれに何を求めるかと問われたとしたら、権威ある答えは、その宗教の現信者の実際の活動にではなく、おそらく聖職者または神学者によって行われる正統な神学の解説の中にあるだろう。わたしたちは、信者が実際に何をするのかではなく、彼らが、そして彼らの集団の指導者が、彼らに何をすべきと言うのかを注視するであろう。偽善は悪評を受けがちであるが、それは、道徳的規範を維持する決定的な役割を持っている。噂話もそうである。偽善や噂話は、純粋な行為規範に従うというしばしば面倒な要求に譲歩することなく、そのような規範を明確に表現することを可能とする。

人々がどのようにして、またはなぜ、特定のルールに従い始めるのかは、重要ではない。たとえば、外国君主の逮捕からの免除についてのルールは、王や皇帝が、彼ら自身は神聖ではなくとも、神により聖別されたという信仰に起源がある。これらのルールは、君主間関係の営みに役立つことが証明され（または、少なくともそれらは便利であることが証明され、いかなる君主または政府もそれらを手放す気にはならなかった）、そして、神聖な王権という神話が人々の委任に根拠を持つ権力という神話にはるか昔に道を譲ったときも、遵守され続けた。主権免除に関するルールは、この政治的発展および免除が広範囲の政府の役人や代理人に享受されるという事実を反映して、現在、一般に国家免除と呼ばれるが、国際法の頻繁に用いられてきた部分であり続けている。

もしも、ある慣習国際法のルールが役に立たないものとなれば、それを変更する圧力が生じるであろう。たとえば、以前は、イングランドの裁判所は、外国の国家とその代理人に、共産主義国家の国営貿易企業が市場で商取引に従事していた状況を含めて、あらゆる場合に免除を与えていた。その場合の免除は、国営貿易企業に私企業が得られない利益を与えるという不満が多くあった。そして、一九七七年のトレンドテックス（Trendtex）事件において、イングランドの控訴院は、他の諸国の裁判所の実行を検討し、イギリスは大陸諸国と足並みをそろえ、免除は「商業的」ではなく「統治的」な行為に関して与えられるという「制限免除」主義を適用すべきであるという判決を下した。議会は、同様の効果を持つ立法を準備しており、それは、翌年に国家免除法として発効した。だが、国際法はイングランド法の一部であり、イングランドの裁判所は、立法に反しない限り、時々国際法をそのまま適用する権利を持っていたし、そして、実際に適用する義務があった。

慣習国際法の変化は、通常、一つの国家または国家の小グループが、自分たちで国際法の新しいルールとなることを望むものを一方的に適用することによって開始される。もしも、十分な数の他国がその新しい実行を黙認し、後に、自分たち自身もその実行があらわす新たなルールを適用することによって同じ立場を採用したなら、まもなく、「一般慣行」は、古いルールに従ったものではなくなり新たなルールに従ったものとなるであろう。このように、一九四〇年代および一九五〇年代初期に、一握りの南米諸国が自国の海岸から二〇〇海里以内の漁業資源に対する排他的支配を主張し始めた。その時は、他国のほとんどはこれらの主張を不法であると考え、沿岸国の隣接水域への権利は、三海里または一二海里しか及ばない（正確な距離については、諸国家の間で意見は分かれていたが、一二海里を越える重要な主張はなかった）と強く主張した。沿岸国の権利が及ぶ地理的範囲の狭いことが、一握りの先進国の漁業工船隊による公海漁業での強奪をほしいままにさせており、その狭さを不満に思う多くの沿岸国は立場を見直した。そして、一九七〇年代までには、ほとんどの国家の実行は二〇〇海里を主張する国々の後に続くようになった。新しい慣習国際法のルールが作られたのである。

より最近では、コソボ、イラクおよびリビアにおける特定目的のための諸国連合による武力の行使を契機として、現政府による大規模な人権侵害を防止するために、状況によっては武力行使を許容する新たな国際法のルールが出現しつつあるかどうかという問題が提起された。

一九九九年のコソボでのＮＡＴＯ軍空爆、そして、二〇一一年にリビアに設定された「飛行禁止区域」などの出来事は、そのようなルールの出現の証拠であると一部の人々が言うこともあるが、それらは、地上戦に巻き込まれることなく特定の外国の政権を守りたいまたは排除したいといういくつかの西側諸国の願望にすぎない、と見る人たちもいる。新たな実行の背後にある動機は、慣習国際法のルールとしての採用の問題とはあまり関係がないが、一般的に諸国家による新たな実行の受容に対して大きな影響を持ち得る。しかしながら、西側の政府と報道機関が特定の進展を支持して足並みを揃えているように見えても、世界の他の地域の見解は非常に異なるかもしれないことを想起するのは重要である。

慣習国際法の法典化

時に、慣習国際法のルールは法典化される。国連は専門家による機関である国際法委員会（ＩＬＣ）を持つが、それは、各法分野を再検討し、慣習法が十分に明確で法典化の機が熟している場合、その法を明文化する条文テキストを採択する。これらの条文テキストの中のあるものは、後に、国際会議で議論の基礎を形成し、参加国が合意したあらゆる修正が加えられた上で条約として採択されるかもしれない。「条約法に関するウィーン条約」（ウィーン条約法条約）はそのような条約の一つである。そして、これらの条約は、その当事国となることを選択した国々を拘束するようになる。その条約が慣習国際法を正確に反映する範囲において、根底にある慣習法のルールは、条約を批准して当事国となることを選択してもしなくても、すべての国家を拘束する。条約を批准する利益は、当事国の権利義務を明確に述べた明示的な条文を指摘できることから生じる確実性が、当事国間の関係にもたらされることである。慣習国際法のままでは、まさにその性質からして、その内容が争われる場合には、確認し証明することが困難である。

ＩＬＣ条文テキストは、単にＩＬＣの決議として採択され、国連総会により留意されるにとどまることもある。たとえそのような形であっても、それらは、裁判所および法廷によってまたは外交的な意思表明の中で政府によって言及され、慣習国際法の権威ある声明として影響力の大きさが判明するかもしれない。主要な例は、二〇〇一年に採択された「国家責任に関するＩＬＣ条文」（ＩＬＣ国家責任条文）である。同条文は、国家が国際法違反の責任を負う状況を一般的な文言で説明している。それらは、自国の役人や諸機関（立法機関、裁判所、行政機関および他の政府機関を含む）の行為に対する国家の責任、国家が（限定され慎重に定義された状況において）強制もしくは不可抗力（*force majeure*）の下でまたは緊急避難として行動したという事実など責任に対する一般的な抗弁、違反国を義務の遵守に戻そうと圧力をかけるために対抗措置をとる他国の権利を含む責任の結果、そして、受けた被害の賠償に対する被害国の権利、などの問題を扱っている。違反の対象となる国際法のルール自体は、「ＩＬＣ国家責任条文」で規定されていない。それらは、条約または慣習国際法に含まれているルールである。「ＩＬＣ国家責任条文」は、外交上のやりとりや国内および国際的な裁判所・法廷において絶大な影響力を持ち、頻繁に引用されている。

慣習国際法の力

慣習国際法は、極めて強靭である。そのルールの大半が、たいていの場合、ほとんどの国家により遵守されている。明らかなことだと思うが、これは、実際は同語反復的である。慣習国際法は国家が従う慣行から成り立っているから（その慣行は国際法のルールの表現であるという信念と相まって）、国家は通常、慣習国際法を遵守する。言い換えれば、慣習国際法が一定の行動のルールに拘束力を与えて、それらを国際法のルールとするというよりむしろ、慣習国際法は、まさに法的拘束力を持つと見なされている行動のルールの集合体である。

それは、慣習国際法には強制する力がないということ、または、非常に観念的な意味を別にすれば、国家は自分たちを拘束するルールを自由に選ぶことができるということではない。自国にとって最善の行動にかなうとき、遵守されるべきと自国が信じるルールおよび基準を公に主張しているときに、国家はルールを作るのである。国家が、それらのルールおよび基準を遵守していないことについて他の国家を批判するときは、しばしば声明が出される。しかし、ルールの存在は、国家が自ら承認した基準を下回る誘惑にかられるときに、遵守へ向かう真の牽引力を発揮する。そして、これこそが、国際システム内における規範的圧力の貴重な源である。

この圧力が正確にどのくらい強いのかは、しばしば外の世界に対しては明確ではない。しかし、政府の弁護士もしくは大臣としてであれ、企業の弁護士としてであれ、または国際的な法曹界における実務家としてであれ、国際法の実務に関与している者たちには、よく知られている。国家は、自国の行為を擁護するために、強硬な主張となりそうなことを前面に押し出すことはない、と役人が言うことは決して稀なことではない。なぜならば、将来、その議論がひるがえって自国に対して用いられるかもしれないからである。道徳上絶対的なものという概念は、宗教と自然法の衰退とともにしだいに姿を消したかもしれないが、道徳的義務としての一貫性の力は、ほとんど衰えていない。

ごく稀に、一貫性の要求に異議が唱えられることがある。たとえば、アメリカの「例外主義」の主張に見られる。それによれば、アメリカはその経済的および軍事的な力のために国際システムの中で例外的な責任を負い、したがって、アメリカの利益は国際法のルールによって特別に便宜をはかられるべきであると主張される。その議論は、武力行使に関するルールに関わる場合において、アメリカは「世界の警察官」の役割に比類なくふさわしく、その役割を比類なく負担しているという表明の中で、最も頻繁に出された。しかしながら、その議論はほとんど進展しておらず、今後も進展しそうにない。ＢＲＩＣＳ諸国、すなわちブラジル、ロシア、インド、中国および南アフリカ、およびＥＵのような他の軍事的・経済的に大きな勢力が、グローバルおよび地域的なレベルで台頭しているので（そして、政治的、経済的および軍事的な力の射程は変化するため、何が「地域的」なのかという概念の変化それ自体も、国際法における重要なテーマであるので）、どこか一つの国家が、世界のその他の国々を拘束するルールからの特別な適用除外を主張できる時代は急速に過ぎ去りつつある。すべての国家は、ルールの一貫性、そして、そのような一貫性が前提条件となる行動の予測可能性に利益を有する。

　これらの点は、慣習国際法の議論の場合において論じられてきたが、起源が何であれすべての法的ルールに等しくあてはまる。慣習国際法は二〇世紀の半ばまで国際法の主要な法源であった。しかし、それは現在、条約および他の法源に次ぐものとなっている。次にそれらに目を向ける。

慣習法は強靭である。しかし、形成に時間がかかり不明確なことがある。最初に、ある慣行が新たに開始されなければならない。それから、国家慣行の様式が定着するのを待たなければならない。慣行が定着しても、包括的でなかったり、あいまいだったりすることもある。大使が免除を与えられることは明らかだろうが、その子どもたち、またはその配偶者もしくはパートナーはどうだろうか。違法な汚染と見なされるにはどれだけの油が、ある国家の水域に流出されなければならないのか。バケツ一杯か。ひと樽か。タンカーの積載量の半分か。

そしてまた、同時並行的な国家間の慣行が自然発生する可能性が低い活動分野においては、おそらくルールが必要となるだろう。たとえば、国際貿易、関税、補助金のルールなどはその一例である。あるいは、国際刑事裁判所、ＥＵ、国連のような新たな組織の創設が必要となる場合である。これらは、国家の慣行から自然発生することはあり得ない。別の問題をとりあげると、いかなる国家も他国がどのような手段をとるのかを事前に知る場合に限り行動する状況があるだろう。軍縮は一つの例だ。これらのような状況においては、次に進むための明らかな方法、そしてしばしば唯一の実際的な方法は、明示的な合意、すなわち条約の作成によるのである。

次のような推測をする人もいるかもしれない。すなわち、一九世紀の大国システムの消滅が、慣習国際法に代表される非公式の合意に基づく法形成の衰退という結果を招き、独立国の発言力の大幅な増加が、国際的な移動と通信の可能性の著しい増大と相まって、国際法の新たなルールの慎重な交渉およびそれらの条約としての文書化をほとんど不可避的に発展させた、と。また、少なくともいくつかの場合においては、国際的な合意の形成は行動の代替として用いられると言う人もいるかもしれない。締約国に対して条約を最大限可能な範囲で履行することを強く勧告する環境・人権諸条約の一般的規定は、明白な例である。あいまいな言葉を使った包括的な条約条項が、それが一体何を意味し得るのか合意に達する見込みがないときに、しばしば挿入されることがある。またしても、慣習国際法は二〇世紀までにその仕事を終えたという人もいるかもしれない。慣習国際法は国際関係の基本的な枠組みを設計した。そして、現在の任務はその枠組みの上により詳細なルールを構築することであり、それは、交渉と明示的な合意を必要とする条文の起草を通じてのみ制定され得る。どのような理由であれ、条約は、今では国際法の新たなルールが作られる最も通常の手段であり、そのことは現在およそ二六〇〇巻という国連条約シリーズのこれまでにない多くの巻数が示している。

条約は、要するに、法的拘束力を有する国家間の合意である。また、「条約」は法的拘束力を有する国家間の諸合意の一般名称でもある。そのような諸合意は、「協定」（agreement, pact）、「条約」（treaty, convention）、「規約」（covenant）、「憲章」（charter）、「議定書」（protocol）および「交換公文」（exchange of notes）などさまざまな呼称を持つが、どの特定の文書の呼称も、様式および外交的慣例の問題にすぎない。

国家が、お互いの関係における自分たちの権利および義務を明確かつ正確な方法で定めたいと願うならば、通常、二国間または多国間条約を交渉することによってそうする。これは、正確性と速さという利点がある。もっとも、世界貿易機関および国際貿易システムを設立する諸協定などのように、複雑な多国間条約は、時として交渉に何年もかかるが。

多国間条約の交渉の場合、国家の参加の最大化と当事国によってなされる約束の程度の最大化という二つの目的の間に保たれるべきバランスがある。たとえば、一九七九年の「国連女子差別撤廃条約」（ＣＥＤＡＷ）を考えてみよう。ＣＥＤＡＷの第二条では、当事国は、「女子に対するあらゆる形態の差別を非難し、女子に対する差別を撤廃する政策をすべての適当な手段により、かつ、遅滞なく追求することに合意し」ている。続いて、同条約は、当事国が拘束される具体的な条項を列挙する。しかし、女性の捉えられ方および扱われ方には大きな文化的差異がある。もしも、目標が世界中のすべての国家がＣＥＤＡＷに加入することであるなら、差別の禁止は、差別の撤廃を自国が約束することに最も消極的な国家が受け入れられるレベルに設定されなければならない。もしも、約束の強さが目標であれば、その禁止は、約束に最も前向きな国家が受け入れるレベルに設定されるかもしれない（そして、私は次のことを付言しなければならない。すなわち、国際的な約束に前向きではないことは、根本原則の受け入れに前向きでないことと同じではない。国内法に性差別禁止に関する非常に広範囲な法的保障を有している国の中には、条約の下での義務が自国の国内法にぴったりとかみ合わないことを懸念して、条約の当事国となりたがらない国家もあるかもしれない。たとえば、アメリカでは、性に基づく差別の撤廃の望ましさを明白に受け入れているにもかかわらず、軍役での女性の戦闘任務および有給の母性休暇の提供に対するＣＥＤＡＷの影響に関する懸念が、アメリカのＣＥＤＡＷの批准への障害として挙げられた）。

ある特定の条約への国家の約束の範囲の広さと深さの間の最適なバランスの確保の問題に取り組む一つの方法は、国家がその条約に留保を付すこと（または、ＥＵの場合には一般にオプトアウトと呼ばれるもの）を認めることである。留保を行った国は、本質的に、ある特定の条項を除いて、または、留保に示されたある特定の条件に従って、その条約を受け入れると言っている。たとえば、ＣＥＤＡＷの下で、オーストラリアは、母性休暇について留保を付し、インドは、「原則として義務的な婚姻登録の原則を完全に支持するが、インドのようなさまざまな慣習、宗教および識字能力レベルが存在する広大な国においては、それは実際的ではない」と宣言した。これらは、オーストラリアとインドがＣＥＤＡＷの下での他の義務を受け入れることを可能とするために必要とされる現実的な調整である。時に、留保がさらに広がることがある。サウジアラビアのＣＥＤＡＷへの留保は、「条約のいかなる条項もイスラム法の規範との間に矛盾がある場合には、サウジアラビア王国は、条約の矛盾する規定を遵守する義務を負わない」と述べており、このようにして手の影が太陽の光を遮ることがあり得る。

条約の中には明示的に、一定の留保を認めたり、条約中の一定の条項に留保を禁止したりしているものもある。そのような明示的な条項がない場合、条約の趣旨および目的と両立する留保のみを付すことができる。そして、その時でも、他の締約国はそれぞれ、留保を受け入れるか（その場合、条約は留保によって修正されたものとして、同国と留保国の間で適用される）、自国と留保国の間での条約の効力発生の受け入れを全く拒否するか、または、条約の効力発生を認めるものの留保が関係し自国と留保国が事実上合意できなかった規定を除くか、を選択することができる。

これらの効果は、条約の作成、効力、解釈および終了に関する他の事項のように、一九六九年の「条約法に関するウィーン条約」（ウィーン条約法条約）に規定される法原則によって規律されている。同条約は、慣習国際法を法典化すること、または、慣習国際法の証拠が欠如していたり不明確であったりするところの重大なすき間を埋めることを目指して、ＩＬＣによって起草された多くのものの一つである。

即時発効する条約もあれば、批准後にのみ、あるいは、新たな条約体制が実行可能で実効的となるために最小限必要と考えられる特定数の国家による批准後にのみ、発効する条約もある。批准には議会の同意が必要となるアメリカのような国では、そのことは、条約交渉にあたる政府に困難をもたらす。アメリカ議会は、一九七九年にカーター政権によってソビエト社会主義共和国連邦と交渉が行われた「第二次戦略兵器制限条約」（ＳＡＬＴ Ⅱ）の批准に同意することを拒否した。また、一九四八年のハバナ憲章への議会の反対は、世界的な貿易機構の創設の最初の試みを実際的に阻んだ。もっとも、アメリカは、一九九四年についに世界貿易機関（ＷＴＯ）を設立した諸協定（ＷＴＯ協定）の主要な設計国の一つであったが。

政府が交渉した条約への国内での反対を、グローバルな問題に取り組む国際的な試みへ加わることに対する狭量と不本意の表れと考える人々もいる。また、議会の同意の要件のような規定は、いかなる民主的憲法においても必要不可欠な要素であると思う人々もいる。つまるところ、たとえば、犬の飼育免許の取得要件を課すために立法府の積極的な協力と法制定の正式かつ重々しい手続きの遂行が必要となるのに、なぜ、政府が、議会またはそれに相当するものの関与なしに、外国との関税協定または軍事同盟について決定することが可能であるべきなのだろうか。どちらの方が市民に影響をもたらすだろうか。

そのような困難は、さまざまな仕方で回避される。条約の批准には立法府による事前の同意が必要とされる国々もあれば、イギリスのように政府が自己の権限で条約を締結する権利を持ち、立法府からの事前の同意は不要な国々もある。しかしながら、逆に（正確な立場は各国の憲法によるが）立法府からの事前の同意を必要とする国では、国内の法制度内および国内裁判所において条約に法的効力を与える傾向がある一方、事前の同意を必要としない国では、条約が法律によって国内法として制定されない限り、条約のいかなるそのような効力も否定する傾向がある。このように、イギリス政府によって作成された条約は、国際法としてはイギリスを法的に拘束するが、イングランド法またはスコットランド法としては、および、イングランド裁判所またはスコットランド裁判所においては、条約が議会制定法によってイングランド法またはスコットランド法で施行されていない限り、法源として適用可能ではない。その結果、イギリス政府は、実際上、イングランド法に多少の変更を必要とするいかなる条約も、議会の行動を通じてその変更がそれまでに得られていない限りまたは得られる時まで、批准を行わない。したがって、イギリスのシステムの下でさえも、条約作成に対するある程度の民主的なコントロールが存在する。

国連および他の国際機構の決議

国家としての地位について議論する際に私は、数多くの国連総会決議が法の権威ある解説であるかのように言及した。そのような言及は、ほとんどの国際法学者からむしろあやしげなものと見なされている。厳密にいえば、国連および他の国際機構の決議は国際法を作ることはできない。しかしながら、それらをいかなる法的な意義もないと見なすのは誤りである。

決議は、国際法上の確立したルールを確認すること、または、再表明することができる。その場合、当該決議はそのルールの便利で明確な表現として引用されるかもしれない。国連総会決議第二六二五号（XXV）は、かの有名な一九七〇年の「国連憲章にしたがった諸国家の友好関係および協力に関する国際法の諸原則に関する宣言」（友好関係宣言）であるが、一つの例である。それは、冷戦期に、すべての国家によって相互間の関係の基礎として受け入れられる国際法の基本原則を定めようと、国連で長期にわたり熱心な協議がされたものである。そのようなものとして「友好関係宣言」は、慣習国際法の権威ある再表明と広く見なされている。

決議は、当該機構の設立憲章の条項を加盟国が解釈する方法についての、その機構による説明であることもある。たとえば、国連総会決議第一五一四号および第一五四一号は、自決に関する「国連憲章」の条項の権威ある解釈と考えられている。

時として、国際機構の機関は、加盟国を拘束する決定を行う権限を与えられている。EUは、他のどの機構よりも広範なこの種の権限を有する。しかし、（地域的というよりは）国際的な平面で最も知られている例は、国連安全保障理事会である。それは、国際の平和および安全に対する違反または脅威の存在について拘束力を有する決定を行う権限を持ち、また、諸国にそのような状況に対処する手段をとるよう命じることができる。そのような手段は、経済的または往来上のつながりの断絶および他の制裁、また、憲章第七章の下で、安全保障理事会が必要と考える場合は武力の行使も含めた事実上無制限の範囲の措置を含むことができる。安全保障理事会の五常任理事国（中国、フランス、ロシア、イギリス、アメリカ）それぞれによって保持される拒否権の存在は、諸国に行動をとることを命じる権限が比較的控えめに用いられることを確保してきた。ロシアとアメリカは、拒否権を最も頻繁に行使する国であり、また、イスラエル・パレスチナ問題は、拒否権が最も頻繁に行使されてきた事案である。

他の機構は、自己の権能の限界内で措置をとる権限を有する。たとえば、国際海事機関（IMO）は、ドーバー海峡のような交通量の多い国際水路で、分離通航方式を承認する権限を持つ。

これらの事例を別として、国際機構の決議は、拘束力を有する法的効果を一般的にほとんどまたは全く持たない。それらは、特定の問題について、加盟国の（または、少なくとも決議に必要な加盟国の多数派の）見解を表しているかもしれず、また、それらの見解は、かなりの政治的力を持つかもしれない。しかし、決議自体が法的立場を変更したり加盟国を拘束したりすることはないだろう。

他のルールおよび基準

国際関係の行動を規律する主要なルールは、慣習国際法の中に見つかるし、条約の中にも増えている。しかし、主要なルールがすべてではない。法は、国家が海洋汚染を防止する義務を有すると述べるかもしれない（実際に述べている）。しかし、それは何を意味するのであろうか。沖合での石油採掘のための大規模な爆破が禁止されるのは、もちろんである。しかし、通常の航海航路における船舶からの日常の油の漏出、また、空のオイルタンクを海で洗浄するのはどうなのだろうか。一〇〇〇リットルの油を港の水域へ排出することは、世界一周航海の旅程全体の間に一〇〇〇リットルの油を排出することと同様に扱われるべきなのだろうか。法に規定される一般的な原則の履行が、詳細な技術的ルールおよび基準を通じて解決されなくてはならない時点がくる。

これは、面倒なことに聞こえるかもしれないが、それほどではない。そのような技術的規範の必要性により、政府の役人は法制度の基本的原則を協議するだろうが、詳細な履行措置は通常、工業的、商業的または科学的な集団によって設定されるか、または、それらから借用されるかのどちらかである。条約は、たとえば、国家が、自国が管轄権を有する一定の活動に「業界のベスト・プラクティス」を適用することを要求することができる。また、そのベスト・プラクティスは、技術者の職能団体によってある程度まで定められ得る。このルールおよび基準は、狭い意味で技術的である必要はない。人権および環境保護の分野で活動している非政府組織（ＮＧＯｓ）は、「拷問」および「有害廃棄物」のような概念の理解を詳細に論じかつ安定させるために、また、一部の政府および企業が犯罪を再定義して自らの活動を法の範囲内に収める傾向に対抗するために、多くのことを行ってきた。

このように、国際法の形成過程は、「市民社会」とゆるやかに呼ばれ、おおまかに言えば、集団的な意見をはっきり述べる能力を有するあらゆる自発的な社会集団の影響にさらされている。さらに、そのような基準は科学技術および社会的期待が発展するに従って容易に変化し得る。全く新たな条約を交渉する必要はない。このように技術的基準を採択し改正する政府および非政府の国際機構が数多くある。それらは、より一般的な用語で組み立てられた法的ルールに精密な意味を与える詳細なルールおよび基準を創り出し、そのことがそれらの法的ルールの遵守によって期待されるものをより正確に特定するのである。

国際法をどこで見つけるか

これらのすべての国際法の法源は、この主題についての教科書、たとえば、古典的名著である『オッペンハイム国際法』（*Oppenheim's International Law*）および『国際公法百科事典』（*Encyclopaedia of Public International Law*）、また他の言語でそれらに相当する書籍の中で、主題の概要の中に要約されている。より重要なことであるが、国際法を遵守するすべての国家の義務は、裁判所、警察および軍隊、公的規制機関などの国家の機関および部局に、国際法の下での国家の義務に従って行動することを求めるので、多くの国家は、その国内で適用されている国際法の説明も公表している。たとえば、『ホールズベリーのイングランド法』（*Halsbury's Laws of England*）〔一九〇七年に初版が公刊されたイングランドとウェールズの法令を網羅した法の百科事典。内容は定期的に更新されている〕は「国際関係法」に関する巻を含んでおり、それは、外国の国家および外交官の免除、国際法の下での国家管轄権の許容範囲、ならびに国際機構の権利義務のような、イギリスで最も一般的に生じる国際法の問題に関する法を記述している。

たくさんのものがインターネット上で見つけられる。多くの国際機構および非政府組織が、特定の話題に関する主要な法文書を掲載しているだけでなく、法の（時に特定の主義に偏っていることもあるが）詳細な議論を含むウェブサイトを持っている。

第三章　国際法を実施すること

国際法は、多くの異なる方法で実施される（「遵守が確保される」よりもずっと有用な概念である）。通常はたいてい、そのルールは、日常の業務の中で国家公務員などにより守られているにすぎない。しかし時に、実施はより公式で、かつ、より注目に値する。

国際法を国内裁判所のために変換する

国際法ルールは、制定法として施行されることによって、国内法上の効力が与えられる。たとえば、イギリスでは、一九六四年「外交特権法」が、一九六一年「外交関係に関するウィーン条約」（外交関係ウィーン条約）で成文化された外交特権免除についてのイギリスの義務に効力を与えている。また一九七八年「国家免除法」は、国家免除に関するルールに効力を与えている。なぜならば、イギリスは、二〇〇四年に「国連国家免除条約」で成文化される前に、これらのルールが慣習国際法として存在すると理解していたからである。

イギリスでは、慣習国際法のルールは、裁判所により直接適用されることができるが、条約により生み出された権利および義務は、それらが立法という手段により国内法に編入される場合にのみ適用できる。対照的に、アメリカ合衆国では、裁判所は慣習国際法の規則を適用できるのみならず、アメリカ憲法はアメリカ連邦議会により批准された条約に連邦法と同等の地位を与えている。国内法制度の中で慣習国際法または条約を実施するために立法が必要かどうかは、先述したように、各国の憲法の問題である。立法が必要な場合、裁判所は、国際法ではなく国内制定法に目を向ける。訴訟に参加する者の中に、適用可能な制定法に現れ、その基礎となる国際法に気づいていない場合もある。

すべての国内裁判所が国際法を適用し、矛盾する国内法に優先させるならば、世界はよりよい場所になるであろうと言われることがある。人権法違反の政府の行動、国際法違反の戦争の遂行、または国連制裁に反する貿易などの活動が、ほとんどの国際裁判所とは異なり、個人が直接利用できる国内裁判所によって、すべて無効にされうるという期待である。しかしそれは必ずしも望ましくない。

すべての政治機構は、人間の尺度で作られている。議会の集まりの規模や会期の長さは、実効的な意思疎通を可能にするものである。政府機構は、実効的な政治活動とコントロールが維持されるレベルに責任を委譲する。そして、少なくとも民主主義をある程度標榜する国家では、有権者とその代表たちの間の対話を可能にする制度化された関係を通じて、政治的責任が確保される。それゆえ、もし人々がある法は改正されるべきだと考えるならば、人々は圧力をかけることができ、立法府は適切な行為をとることができる。人々は裁判所が適用する法に対してある程度コントロールする手段を持っている。そしてそれらの法は、各国家の伝統と状況に合うように調整することができる。この種の政治的コントロールは、グローバルな規模では実効的に行えない。慣習国際法または条約の成立に、市民が真のコントロールを持つ可能性はない。国内裁判所における国際法のすべてのルールの直接的かつ自動的な適用は、個々の国家における政府の民主的な制度に簡単には適合しないものなのである。

　国際会議および国際機構は、本質的には、国内政府の役人、その代理人および被雇用者の集まりにすぎないという事実を見失ってはならない。国際的な政策立案者の役割はグローバルかもしれないが、その生活とキャリアはローカルで（国際機構の永続的な根幹をなす国際公務員は例外の可能性がある）、本国に根ざしている。国際的な政策立案者は、国内政府の中において誤った決定を行うリスクから免れないのと同様に、国連において誤った決定を行うリスクからも免れることができない。国際的な政策立案者は、「法の支配」（the Rule of Law）を維持するために裁判所制度をまさに必要としている。しかし、政治責任のグローバルな構造が実行困難であるため、実効的な司法審査制度を国際レベルで設けることができないことを意味する。たとえ国際法が自動的に国内法に優位しないとしても、国際法に由来する議論を用いて、国内裁判所において誤った政策を争うことができることは、国際機構の郵便受けに宛てて嘆願と請願を行うよりもましである。すべての真の政治的な争いは、究極的にはローカルなものである。

遵守と抗議

国家が国際法のルールに違反したら何が起きるだろうか。まず指摘したいのは、いつ国家が法を破ったかは、多くの場合、必ずしも明確ではないということである。実際、国家は、個人が一般に国内法に従って行動するのと同様に、確立したルールに極めて矛盾なく行動している。いかなる法的義務または強制がなくても、人々が自発的に列を作り保つように、国家は国際法に従う傾向にある。しかし国家が国際法に違反したように見える場合であっても、国家はその権利内で行動したと自ら考えており、当面の論争が、国際法の要件が満たされたか否かではなく、国際法が何を要求しているかであるということは、しばしばある。二〇〇三年のイギリスとアメリカによるイラク侵攻は、国際法と矛盾すると広く見なされた。しかし、これら二国家の政府の中にいる者の多くが、侵攻の法的正当化が立証され得ると確信した（するようになっていった）ことに疑いはない。

次に指摘したいのは、国際的な相違の大部分は、話し合いにより解決されるということである。国連および国際通貨基金（ＩＭＦ）のような国際機構における多数国間の協議、紛争当事国間の二国間交渉、一連の単独で行うスピーチならびに国家の意図および理解を明らかにする報道発表に見られるように、これらすべてにより、国際的義務に違反していると考えられている国家の立場が明らかになり、その結果として他の諸国がさらなる行動が必要かを決定することが可能になる。もし行動が本当に必要であるならば、国家は自由に使える幅広い手段を有している。

違反者たちが警察に追われ、裁判にかけられて罰せられるという国内法の制度とは対照的に、国際法では、国家が自国の法的義務を果たさないことを選んだ場合、ほとんど何も起こらないと広く考えられている。その見解は誤解に基づいている。国内法は、一貫して遵守が確保されているわけではない。刑法の場合、ほとんどの推定によれば、行われた犯罪の半数未満が警察に通報されることが示されている。そして通報された中でも、ごくわずかな場合にのみ容疑者が特定されている。より重要なことに、ドメスティック・バイオレンス、麻薬犯罪のようないわゆる「被害者のいない犯罪」、道路交通法違反、商店および使用者からの多くの軽窃盗を含め、多種多様な刑法違反が全く犯罪として扱われておらず、その結果「通報されなかった」犯罪の統計上にも現れない。そして、以上のすべては刑法にのみ焦点を当てている。侵害（trespass）、名誉棄損、契約違反、過失（negligence）などの民事上の権利侵害がリストに加えられるならば、結果として法的義務の違反の数は計り知れないほど多くなる。

すべての法違反が起訴されるべきであるとは意図されていない。公金を使うためのもっと重要な優先事項が存在する。個々のコミュニティにおいて違反が容認できないレベルに達することを防ぐため、また、注目を集める犯罪の実行者が処罰を免れるのを防ぐため、必要な場合には、法が利用可能であれば十分である。実際、起訴がなされる場合であっても、罰則を科すのではなく、「スピード違反の意識向上」講座の受講のような救済的処分を行うことが次第に一般的になっている。

国際法もそれと異ならない。国際法は、違反がある場合には、常に遵守が確保されるという期待も意図も存在しない。多くの軽微な違反は、人間の弱さの産物として、または追及する価値がないとして、いとわずに容認される。辺境の森林領域で軍隊が数メートル偶発的に国境に不法侵入しても、または国内生産者への補助金に関する世界貿易機関（WTO）のルールに軽微な違反をしても、恐らく見逃されるだろう。なぜなら、それらは重大な損害を生じさせる類の違反ではないし、基本的ルールに疑問を投げかけるものではないからである。たとえば、軍用機が紛争地域で故意に上空飛行を行う場合のように、違反が挑発的と見なされるならば、外交的抗議が行われるだろう。『〔アーネスト・〕サトウによる外交実務案内』(*Satow's Diplomatic Practice*) などの書物に概要が述べられている国際外交のニュアンスはとてもよく理解されていて、外交書信の文言、形式、差出人、受取人の選択により、国家は相当な精度をもって、抗議の背後にある激しい怒りまたは批判の程度を伝えることができる。

抗議は決して些細なことではない。なぜなら、国家間の非難や関係の冷え込みは些細なことではないからである。国家が他の国家やそれらの国民に対して状況を楽にすることができる方法は、たとえ国家がそうする法的義務を負っていないにしても、数多くある。たとえば、ビザ取得の手続きの難度およびコストを含めたビザ要件の改正、政府契約の授与、航空機の上空飛行の権利の付与または保留などである。とり得る措置の範囲は膨大で、そのような措置が科される対象国のコストは実際、非常に高くなり得る。非友好的な措置を科すこと、および、友好的なコンセッション(利権契約)を撤回することは、それが何らかの法的義務違反を含まない場合、「報復」の行為として知られる。しかし、国家はさらに踏み込むこともある。

国際法の原則の一つに、ある国家が他の国家の違法行為によって損害を被った場合、当該国家は違法行為国に対して負っている義務のいくつかについて、違法行為国がその義務に立ち戻るように仕向けるために、自国の履行を一時停止する権限を有するというものがある。そのような法的義務の履行の一時停止は、対抗措置として知られる。対抗措置は、定義上、ある意味では、それ自体が国際法違反である（報復（返報）措置はそうではない）。しかしそれらは、対抗措置がとられる国家の先立つ違法行為によって正当化され、合法性を付与されるため、それゆえに合法である。対抗措置は被った損害に比例しなければならず、人権保護および武力の行使に関する国際法のルールに違反してはならない。対抗措置は、たとえば、対象国との契約および他の商取引の履行の禁止を含むことができる。また、それらは時に、完全な「制裁レジーム」として組織され、対象国がその行動を改めることを強制すべく、圧力をかけるよう意図的に設計される。

制裁はいつも国家に向けられるわけではない。国際テロリスト集団との関連が疑われた個人と企業も対象となってきた。国連安保理決議第一二六七号（一九九九年）に始まり、一連の国連安全保障理事会決議の下で科されたこれら「アルカイダ・タリバン」制裁は、批判を浴びた。国連加盟国からの報告書に基づいて、国連安保理制裁委員会によって個人がリストに加えられるが、その報告書は影響を受ける人々に極めて簡単な要約しか公開されず、また、検証されていない申し立てに大きく依存している場合がある。一度リストに加えられると、国家は、それらのリストに記載された人々に対して制裁を適用する義務を負う。影響を受ける個人は、国連自体に制裁の異議申し立てを行うことはできないが、制裁を適用した国家の国内裁判所に異議申し立てを行うことはできる。しかし国内の政府および裁判所は、国連の権威の背後に隠れ、自分たちは制裁を適用する以外に選択肢はないと言う傾向が強い。これは国際法と国内法の関係から生じ得る問題が照らし出された事例である。

時に、紛争は深刻かつ解決困難で、協議ならびに不満および非難の表示の適用では解決できないことがある。その場合、個人が自分の紛争についてそうするように、国家はどのように紛争を扱うかについて選択権を持つ。隣の庭の生け垣や騒々しいパーティーに関する紛争は裁判所に持ち込まれるかもしれない。あるいはやがて隣人が理性的になることを期待して、夜に電気芝刈り機を使用するなどの報復をたまに行いながら、くすぶらせておくこともある。法的な手段もそうでない手段も存在する。立腹した個人は、いずれがより効果的で費用的に手頃にすみそうかを判断する。

それは国家も同じである。一九七九年、イランのイスラム革命の間に、過激派の学生たちがテヘランにあるアメリカ大使館で、アメリカの外交官たちとその家族を人質として何カ月にもわたり立てこもった。軍による救済がとん挫した後、アメリカはこの事件を国際司法裁判所（ＩＣＪ）に訴えた。この展開は、アメリカ国民の権利を明らかに支持する判決につながった。アメリカとイランの二国間貿易の劇的な減少という報復措置、および、対抗措置としてアメリカの銀行預かりの一二〇億ドルのイラン資産の凍結をアメリカが発動したことと相まって、ＩＣＪ判決は紛争解決への道筋を整えた。それによれば、アルジェリアが仲介し、二国間の請求はもとより、いずれかの国の国民による他方の国の政府に対する請求をも審理し解決するための国際裁判所、すなわち、ハーグに依然として現存する「イラン・米国請求権裁判所」の設置を伴って、解決プロセスには多くの要素が含まれていた。それは、自助の試みの失敗、報復、対抗措置、訴訟、仲裁、仲介などである、この出来事は、国際法紛争の処理のために国家にとって利用可能な手段の範囲を示している。

国家責任

国際法の伝統的な国家間モデルは、国家を自国民の擁護者の役割として位置づけている。マヴロマティス（*Mavrommatis*）事件における常設国際司法裁判所（ＩＣＪの前身）の言葉によれば、他国の国際法違反行為によって損害を受けた場合、その他国から自国民が通常の手段では満足のいく結果を得ることができなかった場合、国家が自国民を保護する権利を有するというのは、国際法の基本原則である。自国民の一人の主張を取り上げ、その者のために外交行動または国際司法手続に訴えることで、国家は実際には、自己の固有の権利、すなわち、自国民である者に代わって、国際法ルールの尊重を確保する権利を主張している。

ここには対称性がある。国際法違反により国民が被った損害はその国民の国家に対する違法行為に相当し得るため、国家が自国民（人間個人であろうと企業のような法人であろうと）の権利を擁護することができるのと同様に、個人または企業の行動が国家の行為に相当し得る。国家への行為の帰属は、国家責任理論に関わることである。

個人または企業の行為は、それらが国家の立法、行政、司法、または他の「統治上」の機能の行使である場合には、国家に帰属する。各国家は、主権および自決の原則の一側面として、自らの統治機構を選択する権利を持ち、それゆえ、すべてのレベルおよび名称の中央政府、地域政府および地方自治体は、国家の政府の一部として見なされる。

政府のすべての行為は、明らかに「国家」の行為であるが、私人の行為は原則としてそうではない。つまり、たとえば、もし私がある国家において、警察官または入管職員によって暴行されるならば、その国家が当該行動について責任を負う。もっとも暴行が私人（たとえば、暴動を起こしたサッカーのサポーター）により行われるのであれば、国家は暴行に責任を負わない。しかし、国家が暴動を予見していたにもかかわらず、特に危険な状態にあることが分かっている人や財産を保護するための合理的な措置をとらなかった場合には、国家は自らの怠慢について国際責任を負う可能性がある。

「政府」機関の行為に対する国家の責任は、通常、全く明白である。しかし困難なケースも存在する。正規の警察の行為は明らかに国家に帰属するが、囚人を監視するために雇用された民間警備員、公共交通機関または民間銀行はどうだろうか。国内裁判所は明らかに国家機関だが、国家内で機能している専門職懲戒機関または宗教裁判所についてはどうだろうか。郵便配達員または医者が国家または私企業のいずれにより雇用されているか、あるいは、石油会社が国家によって全部または一部を保有されているか、といった問題は、それらの行為の国家への帰属の問題に関連するだろうか。このような問題は慣習国際法のルールにより扱われており、前述の通り、ＩＬＣによって二〇〇一年「国家責任条文」で明文化されている。

国際法上の紛争を解決する

国際紛争の解決は話し合いから始まる。話し合いは、しばしば関係国の外務省または外交使節を通じて行われるが、政府の他の適切な省庁または機関を通じても行われる。話し合いは紛争を解決する場合もある。しかし、いずれにせよ、何が厳密に紛争になっているかは、話し合いによってのみ決定されるものである。

国内裁判所

話し合いで紛争が解決できなければ、その事案は決定のために裁判所に送付することができる。最初の付託は、しばしば、国内裁判所になされる。たとえば、ピノチェト将軍がチリの国家元首である時に犯したと訴えられた犯罪について、ロンドンからスペインへの将軍の引き渡しが請求された。彼は元国家元首として免除される権利を有するのかが問題として生じた。この問題はイギリスの裁判所で審理され、最初に逮捕状を請求されたロンドン市有給治安判事から進められた事案となり、控訴院を経て貴族院で裁判が行われた。これらの裁判所は、国家元首の免除についての国際法について完全かつ詳細な議論を行った。それらの裁判所の確定判決によれば、ピノチェトは起訴された犯罪のいくつかについて免除を享受しないということであったが、最終的に内務大臣によって医療上の理由で釈放された。スペインまたはチリが裁判所の決定または内務大臣の決定を争いたかったならば、問題は原則として国際裁判所または国際法廷にさらに付託されることができただろう。

国際裁判所・国際法廷

私が「原則として」と言うのは、国内裁判所とは違って、国際裁判所は強制管轄権を持たないからである。国家は、国際裁判所・国際法廷の管轄権に服することに同意した場合にはじめて、出廷する義務を負う。

この制限は国際裁判所・国際法廷の管轄権に対する非常に重い制約であるが、誇張されてはならない。国家は、さまざまな方法で国際司法裁判所の管轄権に服することができるし、そのようにしている。それゆえＩＣＪ規程の下で、国家は、同様の宣言を行った他国が自国に対して提起するいかなる法的紛争についても、ＩＣＪの管轄権を受諾することができる。三分の一未満の国家がそのようにしており、その多くが自らの受諾に例外（留保）を付している。各締約国が条約に起因する他の締約国との紛争を国際裁判所・国際法廷に付託する権利を認める条項を含む条約に従って、ＩＣＪの管轄権を受諾することの方が国家にとって一般的である。たとえば、一九四八年ジェノサイド条約は、一四六の締約国を有するが、この条約の解釈、適用または履行に関するいかなる紛争も、ジェノサイドに対する国家責任の問題も含め、ＩＣＪに付託することができると規定している。

図3　ハーグの平和宮。ディズニーランドとの類似は偶然である。

　常設国際司法裁判所（ＰＣＩＪ）と国際連盟の関係のように、ＩＣＪは厳密にいえば、国際連合の主要な司法機関である。ＰＣＩＪとＩＣＪは、時には「国際裁判所」または「世界法廷」（World Court）と集合的に呼称される。ＩＣＪは、ハーグの平和宮（図3参照）の中にある。平和宮は国際連盟が設立される前に建設され、一八九九年「国際紛争の平和的処理に関するハーグ条約」（国際紛争平和的処理条約）が規定したアドホック（ad hoc）な仲裁裁判所を収容することを予定していた。一八九九年条約によって設立され、そのような多くの仲裁を組織している常設仲裁裁判所は、依然として平和宮を所在地とする。（常設）国際（司法）裁判所は最古の司法フォーラムではない。

ＩＣＪはまた、他の法廷に対していかなる正式な権限も有していない。いくつかの自己完結型の紛争解決制度の中で、たとえば世界貿易機関（ＷＴＯ）の一部を構成する紛争解決制度は自らの上訴審を有するものの、国際法上、国際法廷の一般的な階層や上訴制度は存在しない。もっとも実際には、他のほとんどの国際法廷は、ＩＣＪの判決に少なからぬ敬譲を示している。ＩＣＪはまた、国際法事件の大多数を審理するわけではない。実際には、国際法ルールの適用により決定される事件のうち非常に少ない件数のみがＩＣＪに付託される。

後者の点は特に重要である。国際法が適用されるほとんどの事例は、国内裁判所・国内法廷に付託される。庇護および難民の地位の申請に関する事件が、残念ながら一般的な例である。イギリスが他の一四四カ国とともに、一九五一年「難民の地位に関する条約」（難民条約）を批准したことにより負った法的義務の履行を裁く主要な責任を負っているのは、庇護・移民裁判所である（この条約や基本的人権を保障するその他の条約をどの国が批准していないのかを知るために、インターネットで調べてみるのも、一時間ほど時間をつぶす、興味深く有益な方法である）。国際法は、しばしば国内裁判所において国内法の水面下で機能している。

しかも、多くの国際裁判所・法廷が存在し、その数は増えている。そのほとんどすべては、人権（欧州人権裁判所、米州人権裁判所およびアフリカ人権裁判所）、経済および貿易問題

（アンデス共同体、カリブ共同体（ＣＡＲＩＣＯＭ）、欧州連合、南米南部共同市場（ＭＥＲＣＯＳＵＲ）、南部アフリカ開発共同体（ＳＡＤＣ）などを例とする地域経済共同体の裁判所）、海洋法（国際海洋法裁判所（ＩＴＬＯＳ））、刑法（国際刑事裁判所（ＩＣＣ）、ならびに旧ユーゴスラビア、ルワンダ、シエラレオネ、カンボジアなどを例とする戦争犯罪および人道に対する罪を扱うために設立されたアドホックな法廷）、スポーツ（スポーツ仲裁裁判所）、知的財産権（世界知的所有権機関（ＷＩＰＯ）により組織される仲裁法廷）といった問題に限定され、限定的かつ専門的な管轄権を有している。さらに、国際紛争を解決するために事件ごとに合意によって設置される多くの仲裁法廷も存在する。

これらの専門的な裁判所は、ＩＣＪよりもはるかに多くの事件を扱っている。たとえば、二〇一三年には、欧州人権裁判所（ＥＣｔＨＲ）は約六万六千件近くもの申し立てを受理した。この裁判所は、九万三千件以上の事件を処理し、その大多数は受理不能と宣言されたが、それでも二〇一四年には約一〇万件の未解決の申請があった（それらの半分以上は、ロシア、イタリア、ウクライナまたはセルビアに対するものである）。ＷＴＯの紛争解決制度は、一九九五年の設置以来、農業補助金、ホルモン剤を投与した牛肉の貿易制限、中国の履物輸出などの問題に関連して、五百件近くの事案で援用されている。

国際法廷は、それが国家と個人と関わる態様に応じて、二つの大きな範疇に分けられる。それぞれの範疇で顕著な例をあげると、欧州人権裁判所とＷＴＯはいずれも個人にとって直接的に重要な事件を扱っているが、かなり異なる方法によってそうしている。ストラスブールの欧州人権裁判所は、申し立てを行う「欧州人権条約」の締約国の国内裁判所で法的救済を得ることができなかった個人によって、その締約国に対して提起された事件を扱う。個人が自己の名義で同裁判所の手続きを開始し、訴訟をコントロールする。たとえば、前に進めるか、和解するか、事件を断念するかを決定する。個人は、公正な裁判を受ける権利および表現の自由の権利など、「欧州人権条約」で保護される権利の擁護を求める。

一方、ＷＴＯの制度では、事件は国家（および、ＷＴＯの貿易問題において加盟国の権利を行使するＥＵ）のみによって、また、それらに対してのみ付託できる。たとえば、人工ホルモンを含む肉の輸入に関するＥＵの規制に対して申し立てを行ったのは、アメリカであって、アメリカの農家ではなかった。しかし、欧州人権裁判所とＷＴＯにおける紛争の基盤となる構造は、あまり異ならない。アメリカは、農家によって政府にかけられた圧力に対応しており、アメリカ政府はＷＴＯを通じて農家の利益を保護していた。農家は牛肉をＥＵに輸出する個人の権利を持たないが、ＷＴＯ手続の実際上の結果は、農家が自らの権利を主張している手続きがあったならば従ったはずのものと実質的に同じであった。

欧州人権裁判所は、世界の他の地域の人権裁判所、投資家と受け入れ国の間の紛争を裁くために二国間投資条約に基づいて設立された数百のアドホックな法廷およびイラン・米国請求権裁判所とともに、「混合法廷」または「国家対非国家の法廷」の一例である。すなわち、個人または企業が国家に対して訴訟を提起し、当事者として出廷する権利を有し、裁判所の管轄権の範囲内のみにおいてではあるが、被告国と対等の立場で国家の行為に対する責任を問う法廷である。一方、ＷＴＯ紛争解決手続は、ＩＣＪと同様に、国家間の機関である。個人と企業は手続きに訴える権利を持たず、この手続きにおいて被告になることもできない。

国際紛争を解決するための正式な訴訟手続きは過去にもあった。たとえば、アメリカ独立戦争中に生じた債務および境界線に関するアメリカとイギリスの間の紛争を解決するために、一七九四年の「ジェイ条約」に基づいて定められた手続きが存在した。しかし、国際裁判所の近代の伝統は、アラバマ（*Alabama*）号事件の請求権を解決するためにジュネーブに設立された法廷に始まるとされるのが通例である。これは、アメリカ南北戦争中、バーケンヘッドで建造され、中立国としてのイギリスの国際法上の義務に違反して南軍に提供された、軍艦ＣＳＳアラバマ（*CSS Alabama*）号が、北軍の船舶に損害を与えたとして、アメリカがイギリスに対して行った賠償請求である。アラバマ号は、一八六四年にシェルブール沖で沈没するまでに、北軍と貿易していた六五隻の商船を拿捕または撃沈した。

アラバマ号事件後の世紀の間に設立された最も著名な国際裁判所・国際法廷は、国家間機関であった。外国が責任を有する国際法違反の結果、個人や企業が損失を被った事件は、被害を受けた者の国籍国により、交渉の中で、または、国際法廷の下で取り上げられた。しかし、最近の国際法廷の設立における傾向は、混合法廷モデルに向かっている。これにはさまざまな理由がある。

第一に、政府は、個人や企業の特定の権利を擁護するために乏しい公的資源を費やし、被告国に対して訴訟を起こすことによって、その被告国との関係を複雑にすることに抵抗がある。

第二に、国際協定で規制される事項の範囲が拡大するにつれて、特に商業および産業活動に関わる分野に入ると、国際法のルールが国家ではなく、個人と企業の権利および義務を直接扱うようになってきた。たとえば、諸国家は少なくとも最低水準の公正さで外国企業を扱う義務を長年負ってきた。しかし、一九六〇年代以降、何百もの二国間投資条約（ＢＩＴｓ）が国家によって締結され、それらは外国投資家に公正かつ衡平な待遇、無差別、財産を収用されないことなどの権利を与えている。また、これらのＢＩＴｓのほとんどで、投資家が自らの権利を侵害されたと考えた場合に、国際仲裁法廷において投資家自身が受け入れ国に対して訴訟を提起する権利を有している。

国家間モデルから混合モデルへの移行を成功させるには、受け入れ国の国内法がＢＩＴｓの下で付与された権利を実際に保障していることを受け入れ国が確保し、企業役員およびそのアドバイザーがＢＩＴｓの下での投資家の権利を認識することが必要である。このように、混合法廷は、国際法のいわゆる国内化または内部化と密接に関係しており、これは、国際法のルールおよび原則が単に政府にとっての関心事だけではなく、私人と私企業の決定および行為に直接的かつ即時的に関連するものでもあるという考え方である。それゆえ、地域的人権裁判所、国際投資法廷、および（やや異なる次元において、ＥＵ法が国内法および国際法とは異なる法秩序であり、その運用範囲においては、これらに優越するという欧州共同体と欧州連合の主張のゆえに）ＥＵ司法裁判所に、現在の重要性がある。

個人もまた、さまざまな国際刑事法廷において、非常に明白に国際法に関与している。国連安全保障理事会によって設置された旧ユーゴスラビアとルワンダのアドホックな国際法廷は、戦争犯罪および人道に対する罪で訴えられた人々に対する法的な説明責任という捉え方を復活させた。この捉え方は、そのような人々が受け入れ先の外国で（しばしば自国の大量の富の一部とともに）引退したゆえに、行われた犯罪が免責されるリスクとは対照的であった。そして、この構想は、こうした法廷が、第二次世界大戦後にニュルンベルクと東京に設置された戦争犯罪法廷について一部の人々が主張したような「勝者の裁き」の例ではないことを明確にしようと努めた。

第二次世界大戦後に設置された戦争犯罪法廷は、戦争犯罪の指揮について最高の権限と責任があった政治家や軍人が、自らの犯罪に関して、制裁はおろか裁判も逃れるというパラドクスを終わらせる決定的な一歩であった。しかし、処罰はその機能の一部にすぎなかった。間違いなく、それ以上にもっと重要なのは、真実を苦心して解明し、記録するという戦争犯罪法廷の役割であった。過去と向き合うことは、国際刑事裁判所への事件の付託を決定する上で、依然として重要な要素である。

アドホックな国際刑事裁判所は、一九九八年「国際刑事裁判所に関するローマ規程」に基づいて設立された国際刑事裁判所（ＩＣＣ）によって増強された。ＩＣＣは補完的管轄権を有し、ローマ規程の締約国の領域内において、または締約国の国民によって、リスト化された戦争犯罪または人道に対する罪を犯したとされる者を訴追するが、それはその申し立てられた犯罪が国内刑事当局によって真に追及されていない場合に限られる。また、シエラレオネ特別法廷およびカンボジア裁判所内の特別法廷のようなハイブリッドの法廷もある。これらは、深刻かつ非常に政治的な犯罪の審理に、ある程度の国際的な監視と客観性を持たせるために、本質的に国内裁判所であるものに国際的な要素を導入している。

しかし、このように国際法と個人の関わりが増えているにもかかわらず、国際法に特有の焦点は国家に固定されたままである。第四章から第七章では、国際法の原則がどのように国際関係の構造を特徴づけているかについて、その方法のいくつかを検討する。

第四章　外部による干渉からの自由

人々が法に期待しがちなことが二つある。すなわち、法が他者に干渉させないようにしておいて、また人々が選んだように生活を計画できるようにすること、また、法が他者に無理強いをして、公共の利益のために物事を行うよう義務づけることである。これらの機能は、相互に排他的ではなく、国家が共通の目標を達成するために協力する二つの方法に対応する。すなわち、特定のニーズを満たすための分権化した、場あたり的な取り決め、および、合意された目標を追求するために国家が組織される、事前に計画されたシステムとプロセスの創設である。

国際法は両方のアプローチを支持する。第四章と第五章は、国際法が国家の自由を支え確保する方法を考察し、また、第六章と第七章は、国際法の仕組みを用いて国際的な活動領域を組織するためになされる試みについて考察する。

これは、決して国際法が分析される唯一の方法ではない。国際法の説明には、その原則が植民地主義およびそれに続く商業的な帝国主義を支えるためにどのように機能してきたか、あるいは、その原則が主としてヨーロッパ中心主義的な法的および政治的概念にどのように由来しているか、またあるいは、その原則が男性優位社会や西洋の階級構造へのとらわれをどのように反映しているかを強調するものとして書かれるかもしれない。私は、ここで採用する視点が、他のどの視点よりも洞察に富んでいる（ましてや、より真実だとか正確であるとか）と主張しているのではない。最善の視点は、読者が何を知りたいのかによる。ほとんどの読者は、英語の報道メディア、また、国際関係論のような隣接する学問分野の研究者が書いた本の中で国際法について読み聴きしたこととかみ合うように、国際法の理解を深めたいのだろう。メディアの最大の関心事項は、国際的な暴力を制御し、また、今日の主要な国際問題と見なされるものに対処するための協力を確保するうえで法が果たす役割である。

本書は、劇場のチケット売り場の用語で言うと、視界に難ありであることに注意いただいて、国家の主権平等と独立の保証、および、それが各国家にもたらす自由の一側面について、すなわち、外部による干渉からの自由と、特に他国の力による強制からの自由について、本章で検討する。

国際関係における武力行使の禁止

外部の強制からの自由という概念は、国際法の永続的テーマである。それは、ソ連の国際法理論の教育を受けたグリゴリー・トゥンキン（Grigory Tunkin）のような国際法学者の著作においてとくに顕著であった。彼にとって、国家間の平和共存は国際法制度の基本的な価値であり目的であった。他国の問題に干渉しないという外国の法的義務は、人民の意思の至高性という、より肯定的な表現を強化するのに便利であった。どちらも、それぞれの国家が自ら選んだ目標を追求するために自由でなければならないという考え方を支持していたからだ。世界革命が現実的な目標でないのであれば、少なくとも個々の国の革命は保護され得る。また、革命を経験していない国家にとっては、自らの反動的な方法に委ねられる見通しがあった。だから理論的には筋が通っていた。そして、それが冷戦時代の平和を支える公理の一つであった。

平和共存の原則は、現在ではほとんど言及されなくなったが、国家には他国からの介入や強制を受けずに、平和のうちに自らなすべきことをする権利があるという基本概念は、依然として国際法の中心である。現代の国際法の最も明確な原則の一つは、国家は互いに脅したり、軍事力を行使したり、お互いの問題に介入したりする自由はないということである。このことが、たとえば、西側諸国はイラクでテロリスト集団に対して措置を講じる準備ができており、イラク政府の招きに応じて行動するが、そうした招請がないシリアでは諸国がそのような行動をとることに全く乗り気でない理由の一つである。

国家が互いに武力を行使する権利は、少なくとも何らかの行動規範によって制約されるという考え方は古くからあり、それは多くの、おそらくすべての文化に及んでいる。実際、国際関係において、武力行使の事実よりも武力行使の権利に言及することは、武力行使がルールによって制約されるという必然的な意味合いを含んでいる。三つの問題が生じる。どのような状況で武力を行使することができるのか、どのような武器と戦争遂行方法を用いることができるのか、そして誰が武力を行使する資格を有するのか。

戦争に関連する国際法のルールは、伝統的に、二つに分けられる。すなわち、特定の武器の禁止および他国に対する戦争の遂行方法のような事項を規律する「ユス・イン・ベロ」(*jus in bello*)(国際人道法または「戦争法」とも呼ばれる)、ならびに、まさに合法的な戦争遂行の手段を用いる権利がある状況を制限する「ユス・アド・ベルム」(*jus ad bellum*)、つまり、ともかく戦争を行う権利に対する制限である。

ルールの範囲内で戦うこと――ユス・イン・ベロ

武力行使に関する最も初期のルールは、戦争が適切に行われるための方法の制限に焦点を当てていた。軍事目的を果たさない、あるいは不必要な苦痛を与える無用な暴力の使用は非道であり、たとえどのような場合に武力を行使していいのかについて明確に確立されたルールがなくても、基本的な道徳の問題として武力行使は禁止されるべきなのは当然である。

特定の方法による戦闘の禁止は、最古の法文書に見いだされる。たとえば、毒を塗った武器の使用および降伏した人々の殺害は、二〇〇〇年以上前にインドのダルマ・シャーストラ（*Dharmasastra*）法典で禁止されていた。また、類似のルールが旧約聖書の申命記にもある。国家間では、適切に使用される武力の種類を制限する明確な合意が古くからあった。一八六八年のサンクト・ペテルブルク宣言の下で、当事国が、殺害よりも負傷が多く不必要な苦痛を引き起こすと考えられていた小型の炸裂弾の使用を放棄しているのは、一例である。一定の武器および交戦方法を禁止するというこの伝統は、今日まで踏襲されている。その例として、生物・化学兵器および対人地雷の禁止がある。それは、ますます不道徳な殺傷手段を発明したことで、人間の福利に貢献したとされる人々の最近の創作物に対する国際社会の反応を反映している。

国際法が、毒ガスのような兵器を違法とする一方で、他の殺傷手段を一見して容認しているのは、時に奇妙に思われる。絶対平和主義を貫く人にとって、そのような態度は確かに不合理である。しかし、少なくとも一定の状況において、重要な利益や価値を守るために潜在的に殺傷力の高い武器の使用を容認することを望む大多数の人にとっては、拷問の使用を禁止する一方で、警察が容疑者を尋問することを認めるのと同じように奇妙なことではない。ユス・イン・

ベロのルールは、わたしたちが敵と共通の人間性を共有することの本質的な承認である。わたしたちは、敵の特定の行動を阻止するために、最終的には殺害を行う覚悟があるかもしれないが、それでもわたしたちは同胞である人間を殺しているのである。そしてわたしたちの大義の正しさがどのようなものであろうとも、不必要な暴力の使用は決して正当化できない。この言葉の重みを、特定の武力行使の提案が正当化されるのかを決定することを職務とする軍人ほど痛感することはめったにないだろう。

赤十字国際委員会（ＩＣＲＣ）は、一八六三年にアンリ・デュナン（Henri Dunant）（やや物議を醸したスイスの実業家で、後に自らの人道的活動により第一回ノーベル平和賞を受賞した）とその仲間四人によって設立され、それ以来、人道法の理想を強く推進している。一九一七年に自らもノーベル平和賞を受賞したＩＣＲＣは、一八六四年の「戦地にある軍隊の傷者及び病者の状態の改善に関する条約」（傷病者保護条約）に始まり、今日のジュネーブ諸条約（一九四九年）とそれを補完する議定書まで、戦争の野蛮さを制限するルールを定め、その実施を確保するための多くの努力を推進してきている。

戦時に使用可能な武器および戦術に関して一般的に認められている多数の制限がある。その多くは、一九四九年のジュネーブ四条約、および、国際武力紛争と非国際（国内）武力紛争をそれぞれ扱う一九七七年の二つの追加議定書に規定されている（二〇〇五年に採択された第三議定書は、赤十字と赤新月の標章と並んで、保護される人と物を示す国際的な標章として「赤水晶」を採用した）。ジュネーブ諸条約はまた、捕虜の扱いなどの事項に関するルール、および、外国領域を占領している国家の権利と義務に関するルールについても規定する。後者のルールは、一九〇七年の「陸戦ノ法規慣例ニ関スル条約」（ハーグ陸戦条約）のルールとともに、たとえばヨルダン川西岸とガザにおけるイスラエルによるパレスチナ占領地域の占領に適用される。

人道法に関するいくつかの問題については、国家の意見は異なる。たとえば、一部の国家は、クラスター弾、すなわち人を殺したり軍事装備を破壊したりする目的で、砲弾が破裂して多数の小型爆弾を放出するものを禁止する動きに反対する。クラスター弾が、地雷とともに紛争後の死傷者の主な原因となっているのは、軍隊が（一九八〇年「特定通常兵器使用禁止制限条約」の第V議定書の文言では）「爆発性戦争残存物」と呼ばれるものを完全に除去することが滅多にないからである。戦争残存物はあちこちに放置され、子どもや他の民間人が拾ったり、誤って爆発させたりする可能性がある。このような弾薬の使用に伴うリスクは、恐ろしいほど明白である。しかし、これらの使用の完全な禁止を支持するためには、軍事的状況がいかに絶望的であろうと、または紛争後の戦場の後始末にどれほど誠実に取り組もうと、その使用が決して正当化されないと国家が決定することを要する。全面的な禁止に反対する諸国の理由は、たとえそれを受け入れないとしても、誰の目にも明らかである。また当然のことながら、それら諸国は、そのような武器を用いる可能性が最も高い国家なのである。

国際人道法に関する最も悪名高い国家間の意見の違いは、アメリカ元大統領ジョージ・ブッシュ（George Bush）政権が「テロとの戦い」（この用語は法というよりも広報的な思考に負うところが大きい）と称するものに関与していると言われた者の処遇である。正規軍の構成員ではないこうした人々の多くが、「非合法戦闘員」と分類され、アメリカがキューバから租借している領域であるグアンタナモ・ベイでアメリカにより運営される拘禁施設に裁判を受けずに拘束された。その多くは、罪を犯したとして起訴されることさえなく、ましてやそのような犯罪で有罪判決を受けることもなかった。彼らは、戦争法に従って行動する正規軍の構成員に対してジュネーブ諸条約により与えられている保護も、殺人やその他の犯罪で通常の刑法の下で起訴される者に対してアメリカの国内法が与えている保護も否定された。罪状なしの拘禁、また、水攻めなどの「強化された尋問技術」（ＣＩＡの拘禁・尋問プログラムとさまざまな形態の拷問の使用に関するアメリカ上院報告書で詳細に検討されている）による拘禁者の虐待は、世論の大きな関心を呼び、西側諸国の自由を守るために行動する必要があるとして行動を正当化したアメリカと同国に加担した他国の評判を著しく損ねた。

武力紛争における不必要な苦痛の軽減に関する進展は遅く断片的である。また、いくつかの問題については国際的な合意は存在しない。しかし、誰もがしっかりと受け入れている四つの基本原則がある。それらは、（1）軍事的必要性（武力紛争法により禁止されていない、紛争の正当な軍事目的を達成するために必要な程度および種類の武力のみを使用することを認める）、（2）区別（軍隊と軍事目標の区別を、他方で非戦闘員、文民および民用物の間の区別を必要とする）、（3）比例性（軍事行動から生じる損失が、その行動から得られると期待される軍事的利益との関係で過剰であってはならない）、そして、とりわけ（4）人道性（正当な軍事目的の達成に必要とされない苦痛、傷害または破壊を与えることを禁止する）である。

これらの原則、また、武器および戦術に関するより詳細な禁止事項の含意は、二〇〇四年にイギリス国防省が発行した『武力紛争法マニュアル』（*The Mannual of the Law of Armed Conflict*）など、多くの国家により発行される軍事マニュアルに明記されている。

戦争法の重大な違反、たとえば、文民である非戦闘員を意図的に標的にすることや、町・村の乱暴な破壊は、戦争犯罪に相当し、加害者は国内裁判所あるいは問題になっている事件に対して管轄権を持つ国際的な刑事法廷によって処罰される可能性がある。このような国際法廷は旧ユーゴスラヴィアとルワンダで紛争後に暫定的に設立され、また、国際的な判事がいる国内裁判所として若干異なる混合形式の「国際的な刑事裁判所」がカンボジア、東ティモール、コソボ、シエラレオネに設立された。さらに、「ローマ規程」として知られる一九九八年の条約に基づき、二〇〇二年に設立された常設の国際刑事裁判所（ＩＣＣ）も存在する。二〇一三年末までに、ＩＣＣはすべてアフリカにおける七つの紛争に関連して管轄権を行使し、また、その他の事態において戦争犯罪や人道に対する罪の容疑を捜査している〔二〇二四年三月時点で三一の事件を扱っている〕。

これら法廷の最も重要な点は、単に戦争犯罪の訴追を継続するということではなく、むしろ、法廷が、第二次世界大戦後の戦争犯罪裁判に倣い、政府の最高責任者の指示を実行する軍人だけでなく、最高責任者を訴追することである。

正しい場合に戦うこと——正戦

近代史を通してのユス・イン・ベロの発展は、つまるところ一つの方向性にあった。すなわち、四つの主要な原則である軍事的必要性、区別、比例性および人道性に適うよう、許容される武器と戦争方法をより一層厳格に制限していく方向である。一方、ユス・アド・ベルムの発展には、それほど明確な軌跡がない。二〇世紀の大半は、戦争が外交政策の手段として正当に利用できる状況が制限される方向へと向かっていた。しかし、過去一〇年ほどの間に、その傾向が一部逆転している明確な兆候が見られる。とはいえ、武力は極めて限られた状況においてのみ他国に対して行使できるという基本的な考え方は揺るがない。

「正戦」の法理は、トマス・アクィナス（Thomas Aquinas）により精緻化され、ユダヤ教・キリスト教共通の伝承において著されたものであるが、ユス・アド・ベルムとして英語圏の世界において、最もよく知られた表現である。しかしそれは、そのような伝承の唯一あるいは最古のものでは決してない。たとえば、一〇〇〇年以上前に、現在のイラクに住み活動していたシャイバーニー（Shaybāni）は、自身の著書の『スィヤル』（*Siyar*）において、他の民に対する武力行使の制限について著した。また、それよりも何世紀も前に、『バガヴァッド・ギーター』（*Bhagavad Gita*）は、ヒンドゥー教における正しい戦争と不正な戦争の区別を示した。このような基準をめぐって特定の戦争を正当化するために多くの努力が費やされた。シェイクスピア（Shakespeare）の『ヘンリー五世』（*Henry V*）の第一幕において、大司教チチェリ（Chichele）（オックスフォード大学の国際法講座名は彼にちなんで命名された）による、フランスに対する戦争を正当化するスピーチは、そのような取り組みの真剣さの一例でしかなく、また、二〇〇三年のイラクに対する戦争の正当化のために曲解された説明の不気味な前兆である。

戦争の遂行に合理的な正当性があることの重要性は、歴史を通じて比較的不変であったようである。そのことは、個人による殺人でさえ、重罪として扱われない場合には、何らかの正当性が常に必要であると考えられてきたようであることを思えば、驚くことではない。しかし、その正当化の性質が変化したのである。正戦の論者が国際的な戦争の実体的正当化に焦点を当てた一方で、二〇世紀末までには、実体から手続きに重点が移っていった。

正しい場合に戦うこと――ユス・アド・ベルム

二〇世紀まで国際法には、戦争に訴えることについての具体的な禁止はなかった。武力行使に関する最初の一般的な法的制限は一九〇七年、ハーグ平和会議（当初は一八九九年にロシア皇帝により招集された）に参加した国家が、「契約上ノ債務回収ノ為ニスル兵力使用ノ制限ニ関スル条約」（ポーター条約）を採択したときになされた。この条約の締約国は、「一国の政府に対して他の一国の政府が自国民に支払うべきものとして請求する契約上の債務を回収するために、武力に訴えないことを約束す」ることに合意した。この約束は、たとえば、債務国の政府に債権者への支払いの重要性を印象づけるために、砲艦を派遣し債務国の海岸を封鎖したり砲撃したりすることを禁止している。そのような実行は、一九世紀には珍しくなかった。その後一九〇二～一九〇三年にかけて、イギリス、ドイツ、イタリアが自国民に対して債務不履行に陥ったベネズエラの海岸を封鎖するために軍艦を派遣した（ベネズエラはその後、関税収入の一部を債務の返済に充てることを約束し、またベネズエラに対する請求権から生じる特定の紛争を、ハーグの常設仲裁裁判所により行われる仲裁に委ねることに同意した）。このような状況下での武力行使の禁止は、戦争制限の問題に対する正戦法理の古《いにしえ》の「実体的」アプローチに倣うものであった。

債権回収の手段として戦争を利用することは、一九〇七年には容認できないことが確認されたが、外交政策の手段としての戦争の利用が、より一般的に非合法化されるかもしれないという考えが広まったのは第一次世界大戦後であった。この動きは、一九一九年、主にアメリカ大統領ウッドロウ・ウィルソン（Woodrow Wilson）の尽力の結果である国際連盟の創設に伴い生じた。国際連盟は、次のような目的で創設された。

戦争に訴えない義務を受諾することにより、
諸国間における開かれた、公正かつ名誉ある関係を規律することにより、
諸政府間における現実の行動規準としての国際法上の了解を確固たるものとすることにより、
組織された人民の相互の行動において正義を維持し、かつすべての条約上の義務を誠実に尊重し、
以上により国際協力を促進し、かつ国際の平和及び安全を達成するために、

この信条は「連盟規約」の前文に記されているもので、ウィルソンの「一四カ条」に示されていた世界秩序のビジョンの表明であった。後者は、一九一八年初めにアメリカ議会での演説で「世界平和のための計画」として示された一般原則（公海上の航行の絶対自由など）と特定の勧告（連盟の創設やポーランド国家の創設など）の奇妙な混合であった（図4参照）。

「連盟規約」は、戦争の遂行に法的制限を課すという、今ではほとんど素朴とも思えるアプローチをとった。「連盟規約」第一二条では、連盟加盟国は、「国交断絶に至るおそれのある」紛争を仲裁裁判または連盟理事会に付託して決定を仰ぎ、仲裁判決または理事会報告から三カ月を経過するまで戦争に訴えないことに合意している。連盟加盟国は、判決および全会一致で採択された報告書に従う加盟国に対しては戦争に訴えないこと、また、そのような判決または報告書を無視して戦争に訴える加盟国に対しては直ちに貿易およびその他の制裁を加えることに合意した。このように、「連盟規約」は、冷却期間を設けたり、連盟システム内で紛争を処理する国を保護したりすることで、戦争に訴えることを回避しようとしたが、実際に戦争に訴えることを禁止したわけではない。これは、実体から手続きへの移行であり、そのような手続きを遂行するための国際機構の創設を伴った。

その変化の重要性は計りしれない。イラク（二〇〇三年）およびリビア（二〇一一年）、さ

図４　私たちは時に期待しすぎることがある。国際機構が成し遂げられることには限りがある

らにより一般的には中東（二〇一四年とその前後）といった関連での武力行使の妥当性をめぐる現在の議論では、武力行使の実質的な道徳的正当性よりも、必要な許可が国連や適切な地域機構から確保されているのかという問題に頻繁に焦点が当てられる。このような変化により、個別の国家による軽率な単独行動に対する牽制にはなるかもしれないが、道徳に関わる重要かつ困難な問題、また実際には、軍事的な戦略および実行可能性が回避されてしまう。何が正当化され何が有用なのかについての考慮を犠牲にして、何が許容されるのかが注目されるのである。

「連盟規約」によって課された限定的な制約は、一九二八年の「戦争ノ抛棄ニ関スル条約」（不戦条約）（主要な考案者であるアメリカとフランスの外相、フランク・B・ケロッグ（Frank B. Kellogg）とアリスティッド・ブリアン（Aristide Briand）にちなんで「ケロッグ・ブリアン条約」とも呼ばれる）において、連盟という装置の外でさらに進められた。この一九二八年条約は、ドイツ、アメリカ、フランス、ベルギー、イギリスとその自治領、イタリア、日本、ポーランド、チェコスロヴァキア共和国によって採択され、その後、さらに多くの国家によって批准されたが、そのほとんどすべての国家が十数年以内に第二次世界大戦に巻き込まれた。条約第一条は次のように定めていた。

> 締約国は、国際紛争を解決するために戦争に訴えることを非難し、かつ相互関係において国家の政策の手段として戦争を放棄することを、各自の人民の名において厳粛に宣言する。

この一九二八年条約において自らに課した禁止の範囲は、一見するよりも狭いものだった。この決定的に重要な制限は、イギリスの外務大臣オースティン・チェンバレン卿（Sir Austen Chamberlain）（ブリアンおよびケロッグと同じくノーベル平和賞の受賞者）が一九二八年にアメリカ大使に宛てた手紙の中で明らかにされている。

> 国家政策の手段としての戦争の放棄に関する第一条の文言について、世界の一定の地域は、その福祉と保全がわれわれの平和と安全にとって特別かつ死活的な利益を構成していることを、閣下に想起したく存じます。イギリス政府は、これら地域への干渉は許されないと、過去に苦心して明らかにしてきました。大英帝国にとって、これらの地域を攻撃から守ることは自衛の措置であります。イギリス政府が、この点に関する自らの行動の自由を損なうものではないという明確な理解のもとに新しい条約を受け入れることについては、はっきりと了解されなければなりません。

しかしながら、この条約は、自衛の場合は別として、戦争に訴えることは、その戦争が推進しようとする大義の（申し立てられた）正しさによって正当化されるという考えから脱却する決定的な一歩を踏み出した。

連盟の制度および戦争放棄の約束は大成功とはいえなかった。アメリカが国際連盟に加盟することに上院が拒否したことにより最初から妨げられて、「連盟規約」も「ケロッグ・ブリアン条約」も、満洲事変やアビシニア侵略、一九三二年のボリビアとパラグアイ間のチャコ戦争のような事件、さらには言うに及ばす第二次世界大戦そのものに直面して役に立たなかった。しかし、この失敗にかかわらず、連盟を引き継いで一九四五年に国際連合が設立された際にはもう後戻りはできないように思われた。国家の軍隊に志願しあるいは徴兵された若者をはじめとする数百万人のみならず、罪のない戦争犠牲者であるさらに数百万にのぼる男性、女性、子どもを含む何百万人もの人々の死、また、ヨーロッパと日本の都市における、ほとんど理解し難い規模の破壊の光景の数々を目の当たりにして、戦争に訴えることが外交政策の日常的な手段として復活することは、当時は想像もつかなかった。

「国際の平和及び安全を維持すること」を第一の目的とする、実効的な国際機構の創設を希求して、「国際連合憲章」が起草された際、武力行使が「戦争」と見なされる規模や性格であるかどうかにかかわらず、その禁止は「戦争」を超えてあらゆる武力行使に及んだ（また、いずれにしても、法の趣旨として何を実際に「戦争」と見なすのかに関する明確な定義はなかった)。こうして、憲章第二条四項は次の通り規定する。

すべての加盟国は、その国際関係において、武力による威嚇又は武力の行使を、いかなる国の領土保全又は政治的独立に対するものも、また、国際連合の目的と両立しない他のいかなる方法によるものも慎まなければならない。

しかし、ここでも禁止は絶対ではない。一九二八年にチェンバレンが付けた条件が反映されて、憲章第五一条は次の通り規定する。

この憲章のいかなる規定も、国際連合加盟国に対して武力攻撃が発生した場合には、安全保障理事会が国際の平和及び安全の維持に必要な措置をとるまでの間、個別的又は集団的自衛の固有の権利を害するものではない。この自衛権の行使に当って加盟国がとった措置は、直ちに安全保障理事会に報告しなければならない。また、この措置は、安全保障理事会が国際の平和及び安全の維持又は回復のために必要と認める行動をいつでもとるこの憲章に基く権能及び責任に対しては、いかなる影響も及ぼすものではない。

第五一条は、個別的自衛権と集団的自衛権の両方を維持している。個別的自衛権は、固有の権利と考えられるかもしれない。いかなる法制度も、人々が受け身で自らへの不法な攻撃を甘受することを義務づけてはいない。すなわち、自衛のために行動する権利は常に存在する（また、世界の主要な法体系のすべてまたは大部分に共通する法原則は、条約または慣習国際法上の支配的原則が他に何も存在しないように思われる状況において、国際法の法源と見なされる）。集団的自衛権は、国家が防衛同盟において結束することを可能にする。たとえば、ソ連と東側諸国からの脅威に対して西側諸国を防衛するために一九四九年に設立されたＮＡＴＯ（北大西洋条約機構）、また、ＮＡＴＯからの脅威に対してソ連と東側諸国を防衛するために一九五五年に締結された「ワルシャワ条約」などである。武力行使に関しては、憲章第二条四項と第五一条に定められた諸原則が、依然として国際関係が営まれる枠組みである。

ここでもまた、武力の規制に対するアプローチは、本質的に手続き的である。第五一条の自衛権は「安全保障理事会が国際の平和及び安全の維持に必要な措置をとるまで」にのみ存在し、したがって、いかなる国際的な危機においても、もしあるとしてどのような武力が、また誰によって行使されるのかを決定する責任を即座に担う機関としての安全保障理事会に焦点が移る。

安全保障理事会は、国連の構造の中心に位置する。安全保障理事会は一五カ国の代表により構成される。常任理事国五カ国（P5）である中国、フランス、ロシア、イギリス、アメリカに加え、国際の平和と安全の維持への各国の貢献および安全保障理事会の理事国の公平な地理的配分の原則を考慮して国連総会により二年任期で選出される他の一〇カ国である。

冷戦前の一九四〇年代に、憲章の起草者は、安全保障理事会が国際の平和と安全に対する脅威を回避するために必要に応じて展開できる常設の国連軍を自由に使えるようにすることを意図していた。その計画は実現しなかった。戦後の緊縮財政と冷戦の圧力により、そのような常設の国連軍の可能性は失われ、その結果、国連が軍事行動の実施を指揮したい場合には、加盟国に対して、軍隊を一時的に自由に利用できるようにするように要請しなければならない。一九四五年以降、この方法で行われた国連平和維持活動は六〇を超え、また、国連軍はキプロス、レバノン、スーダンなどに駐留している〔二〇二四年三月時点で一一の平和維持活動が展開〕。しかし、国連は加盟国が国連に許可したことしかできない。また、国連への加盟国の貢献の記録は、あまり勇気づけられるものではない。すべての国際機構の場合と同様に、わたしたちは時に国連に期待しすぎることがある。

安全保障理事会は、きわめて広範な権限を持ち、特に憲章第七章に基づき、国際の平和と安全を維持しまたは回復する目的で必要と見なされる武力行使を含む、各種の措置を実施する法的拘束力のある義務を加盟国に課す権限を有する。安全保障理事会は、貿易禁止や飛行禁止区域などの強制的な制裁を無法者国家に課す場合に憲章第七章に基づいて行動する。しかし、現在の文脈において重要なのは、安全保障理事会の指示による軍隊の展開が、自衛権と並んで、国際関係における武力行使の基本的な禁止のさらなる例外であるという事実である。この権限は、たとえば、一九五〇年の北朝鮮による韓国への侵攻の後に、また一九九〇年のイラクによるクウェート侵攻に対して、アメリカ主導の同盟軍に行動する権限を与えるために用いられた。しかし、国連が紛争の一方の側と実際に戦うのではなくむしろ、二つの紛争当事者間で緩衝材として行動する軍隊を展開し、また、駐留する領域の国家から同意がある限り現地に留まることの方がはるかに一般的である。

二〇〇三年のイラク侵攻に先立ち、イギリスとアメリカが発動を求めていたのは、安全保障理事会の許可により与えられたと主張される法的保護であった。しかし、彼らの議論の根拠となった安全保障理事会決議は、ほとんどの人にとってその侵攻の正当な理由には見えなかった。それにもかかわらず、イギリスとアメリカが組み立てた歪んだ議論は、少なくとも合法性が、両国が考慮している要素であることを示すものであった。それは、法は重要ではなく完全に無視できるという考えよりもましである。

これは、武力による威嚇または武力の行使を禁止する基本原則に対する但書を余すことなく述べていない。国家は、自国民の生命が他国の領域内で危険にさらされている場合に、自国民を救出するために限定的な武力を行使したことが何度かある。一九七六年、ウガンダのエンテベ空港に着陸したフランス航空のハイジャック機で人質になった自国民を救出するためのイスラエルの作戦は、最も明確な例の一つである。自国民の生命が外国で重大かつ差し迫った危険にさらされ、領域国が彼らの安全を確保するために行動できないかまたはその意思がない場合、本国が自ら自国民を救出するために必要最小限の武力を行使できるという見解は、決して普遍的ではないものの、広く支持された。しかしながら、領域国の能力と意思の欠如を立証することは難しく（エンテベの出来事をめぐる意見の相違の多くを占める問題である）、国家は常に、一方的に行動するという物議をかもす権利に訴えるよりも、領域国の合意を得られるのであれば、合意による救出作戦に従事することを好む。

武力による威嚇または武力の行使を禁止する原則は、国際関係の文脈においてのみ適用されるという事実から、さらなる制限が生じる。政府は、「国連憲章」第二条四項に違反することなく、国内で武力を行使することができる。これは確かにある程度まではそうでなければならない。仮に抗議者集団が政府機関を占拠した場合、たとえそれが武力の行使を伴うものであっても、国際法が彼らの立ち退きを禁止するとは誰も思わないだろう。もちろん、行使される武力の種類と程度は制限を前提としており、最終的には人権法のルールによって制約される。もし抗議者が防御態勢を強化して自ら武装している場合、彼らを追い出すために必要な武力は相当なものになるかもしれない。政府は、極悪な武器商人からであろうと、支援国家からであろうと、外部の支援なくして統制を取り戻し、自らの権威を回復することができないかもしれない。現政府に対してそのような支援を行うことは、まったく合法である。実際、その援助が合法政府の権威を維持し、それにより国際的な安定を促進するのであれば、広範な賛同を得られるだろう。しかし、この論理には限界がある。

国際法は、政府が実際にその国の領域の全部または一部の支配を放棄し、反乱軍に譲り渡すべき時が来るとは述べていないが、紛争が内戦のレベルに達した場合、他の国家は介入してはならず、政府または反乱軍を援助してはならない（たとえば、いずれかの側に軍備を供給するなど）と言う。このスタンスは、対内主権の概念に根ざしている。それぞれの国家の人民が自分たちの将来を決定する権利を持ち、その将来を第三国の軍事介入によって決定されたり、押し付けられたりしないようにすることが原則である。もちろん、この権利は不完全である。第三国は、権力を回復した政府あるいは反乱軍によって設立された新政府と、どのような政治的および経済的つながりを持つかを自由に選択することができ、その選択は内戦において勝利した当事者の存続能力に決定的な影響を与える可能性がある。それでも、国際法は少なくとも、傀儡政権の樹立および代理戦争という最も悪質な例を排除しようとする。

法は不変ではない。特に慣習法は、状況の変化と期待に常に順応し続ける。人道的介入の権利の確立に向けた動きはその適例である。一九九〇年代後半に旧ユーゴスラヴィアにおける民族浄化と大規模な人権侵害という悲惨な報告に直面した際、近隣諸国は介入できる法的根拠がないように見えた。紛争はそれら諸国を直接に脅かしていなかったので、自衛のための武力行使の権利は利用できなかった。セルビアの当時の政権は、確かに自国に対する武力行使を招いてはいなかった。安全保障理事会は武力行使を許可しなかった。危険にさらされている人々が、他国の国民であることは特定されなかった。しかし、一九九九年三月に始まった空爆作戦により、ＮＡＴＯはコソボのセルビア人地域にいるセルビア軍に対して、一万回以上の空爆を行った。この行動の合法性については、特にそれが集団的自衛の組織としてのＮＡＴＯの権限に関して、定められた範囲を予想外に拡大するものであったため、さまざまな見解が示された。恐らく、この軍事行動の最も正確な特徴は、参加国が道義的および政治的に正当化されると考えた行動であり、国際法の確立されたルールの下、その合法性に関して存在し得るあらゆる疑念よりも、そのような責務が優先されたということである。その軍事行動は、人道的介入の法的権利の行使であると、さらに踏み込んで主張する者もいるが、コソボ空爆以前からそのような権利が存在していたのかについてはきわめて疑わしい。

この出来事は、既存のルールが適さない状況に対応する国際法の発展という古典的な事例である。残忍極まりない組織的かつ大規模な人権侵害を傍観することが、法により近隣諸国に義務づけられているという考えに対して、多くの人はその法は変えられなければならないと主張することになる（また、そのような残虐行為を回避できないなら、大規模な常備軍を維持する意味についても問われる）。「国連憲章」は、理論上、第二条四項にさらなる例外規定を設けるために再交渉され、大規模かつ重大な人権侵害を防止するために必要な場合には武力行使が認められるかもしれない。しかし、再交渉には長い時間がかかり、軍事大国が弱小国家に介入することを認める規定の定義について合意を得ることは非常に困難であろう。しかし、一方的な行動をとりつつ、理にかなった正当化を示すことで、そのような介入の支持者は慣習国際法の新しいルールを打ち立てようとすることができる。

他の国家がその行動を受け入れあるいは黙認すれば、それは国際法に合致した行動として受け入れられるようになるだろう。そして、そのルールに対する支持の証拠が集まり、固まるにつれて、新しい権利が出現するだろう。その一方で、その行動が圧倒的に抗議と反対に遭う場合には、それは慣習国際法になることはないだろう。確かに原則として、慣習国際法上、そのような新しい行動に従事する権利があるとしても、「国連憲章」第二条四項を含む、より制限的な条約の下の義務から国家は解放されない。しかし、国際法は実践的なもの以外の何物でもない。憲章は有機的で、進化し続ける構造であると認識されている。また、この類の修正は許容され、国際的実行に吸収される。コソボにおける「人道的介入」は、安全保障理事会によって非難されなかった（しかし、明示的に容認されなかった）が、アフリカの大湖地域紛争および中東情勢のような他の状況における介入の要請が示すように、より広く受け入れられつつあるようである。

私は、国家が外部による武力介入から自由である権利、および、その権利に関わる明確な事例に焦点を当てた。しかしながら、すべての法的ルールがそうであるように、行動が禁止に該当するかどうかが完全には明確でない領域すなわち周縁部が存在する。たとえば、武力を伴わないが、貿易関係や政府融資の停止のような経済的強制はどうなのか。この点について、答えはかなり明確である。

経済的強制を、侵略および違法な武力の法的な定義の中に明示的に位置づけようとする試みがなされたが、失敗してきた。また、経済的強制は、場合によっては、国際貿易ルール（ＷＴＯのルールを含む）と不干渉原則（すぐに後述）に違反し得るが、法的には武力行使と同等ではない。

別の例を挙げると、ある国家における反政府勢力に対する援助は、第二条四項の武力による威嚇または武力行使の禁止に違反するのだろうか。その援助が反政府勢力の訓練や武装、あるいは単なる資金援助により構成される場合はどうなのか。これらの疑問は、一九八六年のニカラグア事件で国際司法裁判所において論じられた。判決では、アメリカがサンディニスタ政府と戦う反政府武装勢力コントラを支援して違法に行動したというニカラグアの訴えが支持された。それより高度なレベルの関与は、第二条四項に違反する間接的な武力行使に相当し得る。また、それよりもさらに広範囲な援助は、不干渉原則に違反するだろう。

不干渉の問題に移る前に、武力行使に関する国際法の遵守の程度について言及することがある。例外の一覧からは、武力行使禁止がまとまりのないもののように見えるかもしれない。それらの例外は、自衛、安全保障理事会による許可、（恐らく）自国民の救出、義務を負う政府により行使される武力〔領域国の同意に基づき他国により行使される武力〕、（恐らく）人道的介入である。しかしながら実際には、国際関係における武力行使の禁止は、驚くほど十分に確立されている。

ベトナム、中東、アフリカの大湖地域、スリランカ、イラク、アフガニスタン、ジョージア、ウクライナ、その他の多くの国・地域における紛争などの出来事を見れば、武力による威嚇または武力の行使の禁止を守る一般的な国際実行について記すのは、欺瞞に満ちているように思われるかもしれない。しかし、法原則の出現と存続にとって重要なのは、その完全な遵守ではなく、むしろルール違反と思われる（そして実際にそうかもしれない）ものが、ルールの効力の継続を否定するのではなく、黙示的に肯定するという観点から関係国によって説明されるべきであるということである。

したがって、一九六七年にイスラエルと近隣のアラブ諸国が六日間戦争を戦った時、双方は自衛の行動であり、それゆえに憲章第五一条に従っており、第二条四項に定める武力行使の禁止に違反しないと主張した。同様に、一九八〇年にソ連（当時）がアフガニスタンに侵攻した時、また、一九八三年にアメリカがグレナダに侵攻した時、介入国は当該国の正当政府により要請されたと主張した。これら主張が正しかったとすれば、介入は、国際法に合致していただろう。というのも前述の通り、自衛および現政府の要請による軍事支援の提供は、武力行使の禁止に関する国際法の外にあるからである。「法の支配」の安定性の観点からは、主張が実際に真実であったかどうかという問題よりも重要なのは、介入国が国際法のルールの中で行動したことを主張する方法で、この出来事が説明されることである。そうすることで、ルールの重要性とルールに対する継続的な敬意が伝えられる。偽善とは、か弱く罪深い人間が法に対して表明する敬意なのである。本当に心配しなければならないのは、国家が自らの行動の合法性について気にかけなくなる時である。

さらにもっと根本的な点として、想起すべき点がもう一つある。法の基準に照らして行動を評価することは、わたしたちの選択だということである。これは避けられないことではない。このことは、国内のレベルではしばしば見過ごされてしまうほど明白である。隣人との間に紛争が生じた場合、それを解決するためにすぐに法に頼るのは、社会病質者だけであろう。自然な反応としては、話し合いをして、当事者のそれぞれの法的な権利義務とは無関係かもしれないが、現実的な合意に達することである。警察および規制機関でさえ、非公式な手段で法を「遵守確保」する業務を日常的に行う。実際、あらゆる悪事に対して法的救済を求めると、社会にとって、そして関係するすべての個人にとって、そのコストは計り知れない。そのように機能する社会は存在しない。人はどの紛争を正式な法的手続きで処理するのが最善で、どの紛争がそうでないかを選択する。

これは国際法でもほぼ同じである。紛争の中には、法的なものとして扱われ、国際法に沿った解決が求められるものがある。イラクのクウェート侵攻の事例がそうであった。他方で、本質的に「政治的」なものとして扱われ、解決策の模索は、当事者の権利と義務を実現する解決策の範囲に決して限定されない紛争もある。パレスチナの状況がその一例である。何十年もの間、交渉は、国際法が要求するあるいは禁止するという観点ではなく、むしろどのような譲歩が合理的に期待され、あるいはなされるのかという観点で行われてきた。法と現実政策(*realpolitik*)を同様に監視し、法的か超法規的かのいずれかの方向に紛争を導く一貫した諸原則、すなわちメタ原則が存在するのだろうか。あるいは、どのような法制度においても、当事者に法の遵守を強制しようとする場合に必要な資源を社会が結集する現実的な可能性がないために、法に背くという決定を非難できない時が来るということが教訓なのだろうか。これらは興味深い問題である。換言すれば、法は結局のところ、わたしたちが選択することができ、紛争を調整することができるいくつかの枠組みのうちの一つにすぎないのである。

不干渉

家庭内の虐待の最も広範で悪質な形態が（ほぼ間違いなく）身体的暴力ではなく、心理的および経済的圧力の使用であるのとほぼ同様に、武力の行使は国際関係における自治と尊厳の平等という原則に対する最大の脅威ではない。

前節で指摘したとおり、経済上の侵略は国際法で禁止された武力の行使の範囲に含まれないが、他国の国内事項への介入に対する禁止の違反になる可能性がある。「国連憲章」第二条七項は、第七章の下で安全保障理事会による措置から生じた結果を除いて、「本質上いずれかの国の国内管轄権内にある事項に干渉する権限を国際連合に与えるもの」ではないと定めている。国連は国家の国内事項に干渉してはならないという明白な含意がある。そして同様に、いかなる国家も他国の国内事項に干渉してはならないという一般的な了解がある。家庭内の虐待と同様に、玄関の内側で行われていることは、この見解によれば、当事者の問題でしかない。

不干渉原則は多かれ少なかれ変わっていないかもしれないが、何が「内政問題」に相当するのか、また、いつの時点で物事がより広範な公の関心事になるのかについては、大きな変化が生じた。最も明白な進展は、（国内人権法ではなく）国際人権法の発展である。二〇世紀前半には、国際的な裁判所において、たとえば暴徒の暴力に対して基本的な保護を提供しなかったり外国人に対する犯罪を捜査しなかったりしたことにより、外国人の処遇に関する国際的な最低基準の不遵守について国家が責任を問われる事例が多数あった。しかし、国家が自国民を処遇する方法については、国際法の事項としても他国の適切な関心事としても見なされていなかった。

ナチス・ドイツだけでなく他の野蛮で冷酷な政権下でなされた極めて大規模な殺戮が発覚して生じた衝撃と憤りが、この認識を変えた。基本的人権を確保するという真の関心は、自国民に対する不当な虐待が国際紛争の引き金になりかねない政府を抑え込むという願望と相まって、理想的なプロジェクトに珍しく寛容な雰囲気を生み出した。一九四〇年代から一九五〇年代の間、「世界人権宣言」（一九四八年）および「欧州人権条約」（一九五〇年）のような重要な文書が起草されただけでなく、諸国家によって厳粛に採択された。「欧州人権条約」は、締約国が、他の締約国の領域内であっても人権に関する約束を遵守していないと主張し、同国を欧州人権裁判所に提訴できるメカニズムを作った。アイルランドがイギリスを、キプロスがトルコを、ジョージアがロシアを訴えた事件は、このような根拠に基づいて行われた例に含まれる。あまり目立たないがより一般的なのは、国家が人権問題に関して相互に公然と批判することや外交上の表明を行うことである。これらは歓迎されないものとして拒絶されることもあるが、このような発言が実際には国内事項への違法な内政干渉であり、国際法上の国家の義務と相いれないと主張する者は、今ではほとんどいないだろう。

国家の相互依存がますます明らかになるにつれ、外国が正当な関心を有すると見なされる国内の行動の種類は着実に増えている。環境および経済の問題は国境内に限定されることはほとんどない。また、各国の独立と自治という中心的な原則は損なわれていないが、資源の利用と経済政策に関する選択を通じて、国家がその独立性を行使する際であっても、近隣諸国への影響を考慮せずに行動することはできないという認識の拡大により、その適用が緩和されている。

制裁

国家は言葉だけにとどまらず、他国の行動をあからさまに変えさせようとすることがある。対外援助を控えたり、輸出入に制限を課したり、指定した個人に渡航禁止を課したり、また、類似の報復行為により、圧力がかけられることもある。

時に圧力は、たとえば、違法行為を行う国家またはその国家と関連する特定の個人や会社の銀行口座への入金など、対抗措置をとる国家の管轄権内にある財産を処分することが禁止される資産凍結のように、明白な国際法違反である行動形式をとることがある。このような干渉は、外国の財産の差し押さえに等しく、対抗措置として正当化されるか、あるいは国連の安全保障理事会によって認められた制裁として科されることによってはじめて合法となる。

国連安全保障理事会によって命じられる場合には、そのような制裁を実施する義務はすべての国家を拘束することができる。なぜなら、それは「国連憲章」第七章に定められたルールであり、すべての国家は国連に加盟する時にそれを受け入れるからである。実際には、制裁は個々の国家とその同盟国により、あるいは、欧州連合およびＥＣＯＷＡＳ（西アフリカ諸国経済共同体）のような地域的機構により計画されるのが一般的である。このような国連以外の制裁は、原則的に国際法に違反する限りにおいて、対抗措置として正当化される。

制裁は無法者国家の違法な行為に実際に責任を有する個人よりも、貧しく弱い人々を痛めつける鈍器であるとして、しばしば批判される。ここ数十年、戦略的な産業および取引、また、国家内部の主要機関および支配層の構成員を対象とした「スマート」あるいは「狙い撃ち」制裁の形成に多くの努力が払われてきた。このような狙い撃ち制裁は、二〇〇六年に、当時の北朝鮮の国家元首である金正日個人を事実上狙った北朝鮮に対するロレックス製腕時計の輸出禁止措置のように、非常に特定されていることがある。しかしながら、制裁の「スマートさ」は完璧とはいいがたい。制裁を逃れるための巧妙かつ利益のあがる計画が必然的に現れるという事実を除けば、ラテン文字以外の氏名を書き直す際の不一致、また、制裁対象者リストに個人が含まれる理由の説明を、安全保障上の理由から国家が拒否することがよく起こることから生じる問題は、狙い撃ち制裁レジームを、精密工学者というよりも、フランツ・カフカの〔『審判』に登場する秘密裁判所の〕裁判官を連想させる性質のものにしかねない。

経済制裁は、一九〇二年に、対外債務の返済を拒否したベネズエラを封鎖したヨーロッパ諸国の軍艦のような、砲艦の遠征艦隊の即時性に欠けるかもしれない。しかし、国家の行動を強制的に変えるために軍隊を使用することが時代錯誤であり、いじめのような好ましくない一形態と広く見なされている一方で、通商制裁は、対象国に対してはるかに多くの損害を与えることができる。さらに、国家へのモノとサービスの供給の禁止は、しばしば非常に無差別な手段である。たとえ食糧、衣類および医薬品が禁止から除外されても、燃料および機械部品の不足は、経済活動の水準を直ちに下げることができる。雇用、資金および輸送手段の不足、そしてインフラの悪化は、病気と貧困を急激にもたらし、深刻な困難を引き起こす。

一例を挙げると、サダム・フセイン（Saddam Husein）との対立の間、イラクに対する経済制裁によって生じた死亡者数は、推計に幅があるものの、少なくとも数万人であろうというのが大方の見方である。国連人権高等弁務官事務所は二〇〇〇年に、イラクの妊産婦死亡率が、一九八九年に出生一〇万人当たり五〇人から、一九九七年には一〇万人当たり一一七人に増加し、その一方で乳児死亡率が一九九〇年の六四人（対一〇〇〇人比）から、一九九五年には一二九人（対一〇〇〇人比）に増加したと報告した。国家の誤った行動に責任を負う支配層は、通常、こうした影響から自分たちが相対的にほとんど被害を受けないよう確保できる。これとは対照的に、弱者と貧困層は特に脆弱であり、制裁が与えようとする苦難の最大の重荷を背負う可能性がある。経済制裁は、軍事力よりも「平和的」に見えるかもしれない。しかし、それは独自の形の苦しみを与える。

このような力を行使する権利に対する制限は、国際法が国家の主権平等と独立を外部による脅威から確保するための原則の中で重要な要素である。第五章ではこのテーマを追求し、主権平等と独立の内容を明確に説明する国際法の諸原則を検討する。

第五章　国家内部の主権

なぜ国家は依然として重要なのか

政治家たちは「私たちの生活様式」、また、国家を支える「価値」に言及することを好む。世界中の国々に存在する最も明らかな社会的区分だけとってみても、国内にある階級、年齢、ジェンダー、宗教、言語、民族の区分を超えて確立され追求される一つのまとまりとしての価値観が存在するという見解を疑問視する人々は大勢いるだろう。それでも、わたしたちは、「外国の」国家および「外国の」国籍によって、そして国籍をいかにも影響力のある概念にするうわべだけのステレオタイプによって、世界の他の国々を思い浮かべる。

ますます、人は国籍が本当に重要な分類なのかについて問うようになるのかもしれない。政府の権力、経済、文化、そして数多くの他の社会的現象が、市町村、州、国家、地域および大陸のレベルで存在している。また、国家レベルから市町村レベルへの権限の委譲や、国内政府から欧州連合の機関のような超国家機関への権限の移行が、上からも下からも国民国家の実際的意義を着実に損なわせていると、少なくとも言えるだろう。確かに、ＥＵ、ＮＡＴＯ、中東にカリフ制イスラム国を樹立する試み、および、諸国家が団結して「西洋的価値観」を擁護する試みは、（他にも多数あるが）すべて同一概念の表れ、すなわち、国民国家は、その市民および彼らを治める者の意図と願望の一つひとつに最もよく適合している社会的単位の規模や種類ではない、という考え方を反映したものであると見なすことは、奇抜なことではない。

国籍の効用の継続についての問いへの答えは、人がどのように「何が重要であるか」を評価するかに明らかに依存している。現実問題として、地球のほとんどの住人が、国際問題や国際的な経済・社会政策に関わる問題にほぼ常に関心を持っているわけではないということは、恐らく真実である。人の生活は一般的に地元に根ざしており、国家や国家間というよりもローカルな枠内にある。とはいっても、たとえば貧困、病気、洪水、干ばつの影響を軽減するために行動が必要とされるときは、人は主に政府に期待する。政府は、税金の大部分を集めては使う組織であり、軍隊に対して、そして市民が依存する道路と鉄道、学校と病院などに対してほとんどのコントロールを及ぼす組織である。国内政府は、出入国および国際貿易などの事項に対して最もコントロールを及ぼしている。市町村や州の当局が政策および優先順位の第一義的な統括者であり決定者である警察活動および電力供給といった事項に関してですら、政府は通常、ある程度の包括的あるいは残余的な支配権を持っており、それが政府を社会的な権力と活動の当然の中心たらしめている。

日常生活の特徴を形づくる行動をする社会的組織の中で政府を卓越させているのは、立法機関と税制におけるコントロールである。何がなければならないか、また、何がなされてはならないかを法に規定することにより、またそれらのことを行うために必要な資源をコントロールすることにより、政府は、そして政府とともに、国民国家は、その第一義的な重要性を保持する。外国政府との公認の窓口である外務省の特別な立場を加える場合には、非公式の貿易や外国集団との社会的つながりがどれほど活発で盛んであったとしても、国民国家に焦点を当てる主張が圧倒的になる。

これこそ、領域主権および管轄権という法的概念が決定的な役割を担う場合である。各国家はその社会的・経済的構造について決定し、国家およびその内にある生活の国民的特徴に主要な影響を及ぼすことになる法を制定する主権的権利を有する。管轄権という法的概念は、それらの法が及ぶ範囲と優先事項を決定する。同概念は、国家がそうしたルールを制定し、また、それらルールの遵守を確保する権利が及ぶ内部的範囲を定める。

基本原則は、管轄権が属地的であるということである。すなわち、国家の立法機関は、その国家の領域の境界内にあるすべての者に適用する法を定める基本的な権利を有している。これは領域的主権の一側面であり、そしてまた一九六六年の「市民的及び政治的権利に関する国際規約」(自由権規約)および「経済的、社会的及び文化的権利に関する国際規約」(社会権規約)といった文書に規定される自決権の一側面である。つまり、国家と人民は、自らの経済的、社会的、そして文化的発展を、それらを支える法的構造を自由に選択しながら、追求する権利を持っている。

この自由があるので、一国家の政府は公共の場でブルカを着用してよいかどうかを決定し、酒やアヘンの売買や消費、あるいは偶像や煽動的もしくはポルノ的な題材の製作を禁止することを選び、また、各人が何人の配偶者を持つことができ、そして配偶者が何歳に達していなければならないか、さらに市民は自分自身の教育や医療や交通のために支払いをしなければならないかどうか等々について規律する権限を有している。領域管轄権の優越と社会構造を選択する自由は、社会が他とは異なってもよい権利を確保しているのである。

この自由は無制限ではなく、国家が国際法の下で負う義務によって制限される。この国家の義務のうち実行上最も重要なものは、人権法から生じる義務と、締約国に入国し就労する権利を人々に付与するさまざまな貿易・経済協定から生じる義務である。

「欧州人権条約」（ＥＣＨＲ）は、米州およびアフリカの同様の条約と並んで、主要な地域的人権条約の一つである。これらの条約の締約国は、自国の管轄権内にあるすべての人々のための一定の基本的人権を確保するために、自らを拘束することを選んできた。ＥＣＨＲの場合においては、いわゆる「北キプロス・トルコ共和国」がトルコの支配と管轄の下にあり、また、第二次イラク戦争下にイラクで活動したイギリスの軍人および彼らが運営したイラクの刑務所がイギリスの支配と管轄の下にあったように、国家の領域だけでなく、国家の管理の下にある海外の地域および状況も、当該国の管轄権内に含まれる。生命に対する権利、拷問および恣意的な拘禁と刑罰の禁止、思想と表現の自由の権利、そして差別の禁止が、ＥＣＨＲと他の人権文書によって確保される権利義務に含まれている。権利義務のリストは、基本条約上の権利に追加される議定書の採択によって、そして何よりも、欧州人権裁判所（ＥＣｔＨＲ）および他の地域的人権裁判所が解釈を与える決定によって、大幅に増大している。

あらゆる条約上の義務と同様に、ＥＣＨＲの下での国家の義務は、自ら課されたものである。それらの義務は、ＥＣＨＲの締約国になることを選んだ国家のみを拘束する。そしてそれらの義務が、締約国に対してどういうわけか押し付けられているとほのめかすことは間違っている。もっとも、欧州人権裁判所がどの程度までＥＣＨＲが規定する基本的人権の幅広い原則を毎日の生活の細部にまで適用するのかを、すべての国家が予見していたことはありそうもない、ということは認められなければならない。さらに、たとえ（欧州審議会の機関であって、欧州連合とはまったく別の存在である）欧州人権裁判所が、加盟国の特定の決定または法がＥＣＨＲと両立しないことを宣言しても、その判決は自動的に国内法を覆すわけではない。ＥＣＨＲに違反した国家は、国際法上の問題として、同条約上の義務を自ら遵守するための行動をとることが義務づけられる。しかし、もし当該国家がそれをしないならば、同国内の裁判所と政府機関は国内法に従おうとするだろう。当該国家の国内法が、自国の裁判所と政府機関に対して、両立しない国内法よりもＥＣＨＲ（あるいは他のすべての国際的義務）を優位させるように指示した場合にはじめて、ＥＣＨＲにそうした優位性を与えるだろう。そして、もしＥＣＨＲによる国内法制度への介入が行き過ぎていると思われるならば、加盟国はそれを修正する権限を有する。もっとも、ＥＣＨＲ上の権利は、第二次世界大戦を戦い、生き残った人々によって、国家による恐怖政治への転落に対する防波堤として定められたことを忘れてはならないし、このことは軽々しく無視されてはならない。しかし、国家がＥＣＨＲの締約国であり続けることを選ぶ限り、自ら選択するように法を制定する国家の自由をＥＣＨＲが抑制することは否定できないだろう。

こうしたことは、人権の義務に限ったことではない。すべての条約義務は、締約国をある程度拘束する。別の事例を挙げるならば、世界中に二千から三千ある二国間投資協定（ＢＩＴｓ）は、他国の投資家に関して締約国ができることに対する著しい制約である。ＢＩＴｓは典型的には外国の投資家に対する差別を禁止し、彼らが「公正かつ衡平な待遇」を与えられることを要求する。後者の条件は特に厳格である。たとえ投資家が受け入れ国の法に従って非差別的な方法で扱われるとしても、ある行動が合法でありながらも不公正であることの結果として損害を被る場合には、当該投資家には救済を受ける権利がある。その一例として、投資家が投資を行う決定をした際に依拠した特定の課税制度を維持することを約束した国家が、その約束を放棄するような場合が挙げられる。

世界貿易機関（ＷＴＯ）および国際通貨基金（ＩＭＦ）といった機構への加入は、同様の結果をもたらす。国家は、たとえば優遇税制措置やエネルギー供給への補助金といったメカニズムを通じて、国内産業に間接的であっても補助金を与えることがないように、また、通貨管理を課さないように、国際法の下で自ら拘束されるかもしれない。そうした制約は、政府の自国経済政策を選択する自由に少なからぬ影響を及ぼすかもしれない。この点は、ミレニアムの変わり目に起こったラテンアメリカの債務危機から生じた多数の国際紛争によく例示されている。

当時、投資家と債権者は関係国の政府に対して自己の権利を援用した。外国の投資家は適用可能なＢＩＴｓの条件の下でそのようにする権利が与えられていたため、彼らによってラテンアメリカ諸国に対して多数の訴訟が仲裁裁判所に提起されたのである。

国家の主権は、それゆえに中核的な概念である。対外的には、世界の他の国々に向かう側面を伴い、主権は原則として自ら選択するように法を制定し、また、自ら選ぶ社会的、経済的および政治的秩序を構築する国家の権利を確立する。しかし、主権はまた、国家の行動の自由を抑制するまさに拘束的な協定を締結する法的能力を与える。そして対内的には、国家の市民、裁判所および政府機関に向かう側面を伴い、主権は、たとえ国家の国際的義務に反する行動を伴うことになっても、自国の憲法に合致して自らが選んだことをする法的権限を国家に与える。

管轄権と領域

すべての国家は、その領域に対する管轄権を持っている。このことは明らかであり、また、国家性の概念とともに国際法が機能していることからすれば、事実上、同語反復的である。国家の領域は、国境の内にある地域全体、そしてまた海岸から一二海里までの隣接する領海をいう。領域は、上部の空域と下部の底土を含む。国家の領空は、この場合において、地球上一〇〇キロメートルあたりの大気圏の境界まで広がると通常考えられている。それを越えると宇宙空間であり、(少なくとも地球人から理解されている)国際法はいかなる国も排他的権利を得ることを認めない。長年にわたり確立している法的擬制により、船舶と航空機もまた、管轄目的により、それらが登録されている国家(旗国)の領域の一部であるかのように扱われる。旗国は自国の法を、自らが選択するやり方で、船舶と航空機に適用してもよい。

海洋における管轄権はもう少し複雑である。国家の領海(海底とその上の空間も含む)は、外国船舶が限られた領海航行(無害通航)の権利を持っているものの、陸地と同じように領域の一部と見なされている。しかし、海上一二海里以遠になると、事情はかなり異なってくる。二〇世紀の後半まで、領海以遠のすべての海域は、あらゆる国の船舶による漁業、航行、上空飛行やその他の合法的な目的での使用が自由な公海として扱われた(通関と漁業に関して領海を超える数海里先までの接続海域における管轄権とともに、三海里の領海を主張した国々がいる一方、六海里または一二海里の領海を主張する国々もいた。しかし、一二海里より広い沿岸海域に対して目立った主張はなかった)。このように、沿岸国がすべての船舶にその国籍に関係なく管轄権を行使できる領海と、船舶が(海賊船を例外として)その旗国のみの管轄権に服する公海の間には、著しい相違があった。

一九四〇年代には諸国家は、沖合油田の戦略的重要性を認識し、大陸棚、すなわち領海の境界を越える比較的浅い海底で、深海底からは区別された、海側に延びている大陸と島々の地塊に対する排他的権利を主張し始めた。こうした動きを主導したアメリカは、広大な大陸棚を持っている。そして、メキシコ湾の浅瀬が、石油産業の初期の標的だった。このようにアメリカが先行したことに他国も追随した結果、各国は一方的に大陸棚資源の所有を主張した。そのような実行が一般的に広がったことに加え、大きな反対がなかったことにより、慣習国際法の新しいルールが迅速に出現した。しかしながら、南アメリカの西海岸のような地域にある諸国家には、非常に狭い大陸棚しかなく、海底資源の占有からほとんど利益を得られそうになかった。これと同様の傾向として、それらの国々は、国家が海底資源のみならず、海岸から測って二〇〇海里までの水柱〔海面から海底に至る水域〕全体に対しても権利を主張し始めた。それらの主張が、第二次世界大戦において勝利をおさめた連合国（主要な宗主国でもあった）を含む、伝統的な海洋国家によって反対されたのは、とりわけ同主張によってこれらの国々が大いに利益を得てきた航行および漁業などの公海の自由を脅かすものであると見なされたからであり、こうした反対の結果、新たな慣習国際法を生み出すのに必要とされる実行の一般的な受容が妨げられた。

しかしながら、一九七〇年代、数多くの旧植民地が独立国となったことにより、自由で制限のない公海体制が、商業的な漁業資源の深刻な乱獲をもたらしていたこと、また、（航行および上空飛行の権利のような）海洋における他の利益が、合理的な資源管理体制が導入されるのであれば現実に必要となる海洋資源の沿岸国による所有と実際に調和できるであろうという認識が高まったことと相まって、根本的な法の変化がもたらされた。国家実行における変化が一般的に受容されているという明確な兆候が現れた後、海洋の利用のための包括的な法的枠組みを定める一九八二年の「海洋法に関する国際連合条約」（国連海洋法条約）の結果、各沿岸国が、沿岸に隣接する二〇〇海里の排他的経済水域（ＥＥＺ）において、海洋および海底の生物資源（魚、鯨など）と非生物資源（石油、ガス、礫岩、砂鉱床など）に対して、また、汚染、科学的調査、人工島および（オイルリグ、沖合廃棄物処理場、風力タービンのような）他の構築物を含むその他の一定の事項に対して、管轄権を行使する権限を持つと規定されることにより、その変化が反映された。この動きを伝統的な海洋国家に受容可能なものにした一括取引の一部として、とりわけジブラルタル海峡のように重要な戦略的海峡における航行と上空飛行の自由が明文で維持された。

海洋資源に関するこうした発展は空間的な側面を有している。それらは沿岸国に新たなかつ拡張された海域を与えた。しかし本質的には、これらは領域的というよりは管轄権に関する発展であった。ＥＥＺは国家の領域の一部ではない。それは（地理的に定められていることは認めるが）沿岸国がＥＥＺの資源（ゆえに「経済」水域と名付けられた）に結びついた限られた管轄権上の権能を有している区域である。この資源には、風力のような経済財および海洋の清浄度など、一見すると資源ではないようなものも含まれる。しかしながら、ＥＥＺにおける沿岸国の管轄権により、それら資源の探査および利用のために管理を行い、立法を定める能力が沿岸国に付与されている。

国家の管轄権は、国家がその領域内のすべての者の行為を、国籍のいかんにかかわらず、規制することができることを意味する。国家の「領域内の」行為という考えは、想定し得るよりも捉えにくいものである。時に国家は、その領域内に結果を引き起こす外国での行動に対して立法管轄権を拡大しようとする。国境にまたがる銃撃や郵便犯罪のように、国家の領域の外側に部分的に位置する典型的な犯罪例では、さして重要な問題はない。もしスイスにいる誰かが国境越しにフランスにいる誰かを撃ったら、あるいはその人に脅迫状を送ったら、スイス（犯罪が着手された国家として）とフランス（犯罪が完結した場所として）の双方が管轄権を行使することができるだろう。犯罪の要素はそれぞれの国の領域で行われたものの、スイスおよびフランスが犯罪全体に対して競合する管轄権を有する。しかし非物理的な結果が生じる場合には、そう簡単ではない。犯罪の結果が、実態はなく抽象的なものであったらどうだろうか。

アメリカは、自国の領域や利益に影響を与える非物理的な結果に基づいた管轄権を主張することにとりわけ積極的であった。たとえば、アメリカは、外国企業によってアメリカ領域外でカルテルが組織化され、そのカルテルがアメリカ市場に影響を与えた場合には、反トラスト法〔独占禁止法〕の下で処罰した。このような管轄権の拡張はしばしば物議を醸した。たとえば、ヨーロッパ企業の集団がアメリカ市場でカルテル化を行おうとすることが、ヨーロッパではアメリカ市場で競争に勝ち抜くための合理的な協力と見られる場合、ニューヨークではどのように見えるだろうか。いずれの見方が優先すべきなのだろうか。

領域の境界線に沿って状況を分割しようとする者がいて、ヨーロッパにおいて企業は協力できるし、アメリカはその協力を止めるよう命じないけれども、アメリカの領域内で実際に持続されてきたことが立証される場合には、当該協力のあらゆる悪影響を処罰する権利を保持すると言うかもしれない。しかし問題なのは、多くの場合に、「効果」の場所が正確に位置づけられないことであり、一国家の領域内で発生する犯罪の部分を分離して、当該国家がその部分のみ規制し、領域外の行為を規制しないことは不可能であるということである。たとえば、外国市場における競争に対するカルテルの効果は、拡散した経済的な力である。たとえカルテルのメンバーが、供給の標準的な条件を固定する際や販売区域を自分たちで分け合う際に、アメリカを第一に念頭に置いていたとしても、彼らの間の協力の経済的な結果は、カナダとメキシコとロシアなどの市場にも多分影響を与えただろう。これらの国はそれぞれ当該カルテルを罰することはできるだろうか。そして、もし（めずらしいことではないが）、ヨーロッパの企業の母国を含む国々のいくつかが、輸出を増大させるために外国市場に関して商業的な協力を実際に奨励するならばどうだろうか。アメリカは、ヨーロッパの企業に、ＥＵ自体によって実際に奨励されている事柄をヨーロッパで行うことを禁じることはできるだろうか。

　こうした問題は決してまれではない。同様の問題は、非常に多くの取引が、今日ではさまざまな国家のサーバーを介する電子送信を伴っている事実からも生じる。多くの巨額の国際的な銀行取引は、アメリカを本拠とするクリアリング・ハウス銀行間支払システム（ＣＨＩＰＳ）のコンピューターを通過する。ニューヨークにおいて（あるいはコンピューター・ネットワークのサーバーがあるところであればどこにおいても）コンピューターの中の電子のシャッフルは、それが実行の手助けをしている取引に対して、アメリカの属地的管轄権を根拠づけるために十分なのだろうか。もしあるイギリスの銀行の口座から送金の受取人となっている国家や個人にアメリカが制裁を科しており、当該送金が日常的にＣＨＩＰＳシステムを通過するような場合、当該送金はアメリカの制裁法に触れるだろうか。もしイギリスがそのような制裁を科しておらず、送金者と受領者のいずれもアメリカと何の接点もなく、アメリカ法がその支払いを行うことを妨げるのを想定する理由がない場合にはどうだろうか。

　それらの問題は、ある特定の活動がいくつかの異なる国家において発生する諸要素を含み得るという事実から生じる。その活動に対するこれら国家の態度の違いは、管轄権の抵触を引き起こすことがある。そうした抵触は、国家が、領域性という根拠に基づいてのみならず、当該国家と規制された活動の間にある他のつながりを根拠として管轄権を主張するために生ずることもある。そのようなつながりで、最も古く、最も確立されているのは、国家とその国籍を持つ個人との間のつながりである。

管轄権と個人

今日、私たちは当然に領域的な観点で遵守義務を考える。すなわち、「郷に入っては郷に従え」である。最も古代の社会では、しかしながら、社会制度は、特定の地理的な場所に基づくよりも、部族や家族に基づいていた。「法」への服従義務は属人的なものであった。すなわち各個人は、自らの君主および王の命令に忠実に従うように義務づけられた。王と家来がどこを彷徨おうとも、そのようになっていた。この深く根づいた人間の慣習は、国際的な法システムに残っている。

国際法の問題として、各国家は、その市民が本国にいようと外国にいようと従わなければならない法を制定する権限がある。そしていくつかの犯罪には、犯罪者がどこで犯罪を行おうと訴追を要求することが立法者によって想定されている重大さがある。たとえば、ある国家は、児童の性的搾取を行うために国民が外国に旅行することを犯罪行為としており、性的搾取が実行される外国において特定の行為が犯罪とされているか否かに関わらない。国家への反逆、重婚、殺人もこのカテゴリーに入る。もっと最近では、麻薬密売、マネー・ロンダリング、海賊、およびテロリズムに関する法も共通して、いわゆる「域外的」効果を生み出している。すなわち、これらの法は、当該国家の国民が自国の領域外にいるときであっても、適用される。それは、これらの法が、少なくともいくつかの形態の犯罪活動が本来的にしばしば国際的で、窃盗および暴力のように犯罪現場が限定されないことに基づいてアプローチする実務上の必要性を反映している。若干の国家は、(加害者よりもむしろ)被害者が当該国家の国籍を持っている場合にはいつでも、外国で犯された犯罪に対して管轄権を主張してきた。しかしそのような主張は、人質行為のような特定のテロ犯罪に関してのみ、広範な支持を得る傾向にある。

一部の犯罪はとても深刻であると見なされているので、国際法の問題として、当該犯罪が行われたとされる場合で、たとえ容疑者が訴追する国家の国民でなくても、いかなる国家も犯罪容疑者を訴追することができると言われることがよくある。この「普遍的」管轄権は、ともに今や少し新たに増加気味である海賊と奴隷行為、そしてジェノサイド、戦争法の重大な違反、拷問といったさまざまな「人道に対する罪」に伴って生じる。実際には、これらの犯罪の「重大性」が犯罪に対する普遍的管轄権を説明するとは考えにくい。たとえば、海賊は、その他の強盗の形態よりさらに重大であるとは必ずしも言えない。そして、なぜ公務員によって監督された行為だけが拷問と見なされるのか、また、麻薬集団および他の犯罪集団の悪漢によって遂行された類似の行為は拷問ではないのかは、説明が難しい（もっとも、実効的な正式の政府が存在しない領域において一種の「命令」を出す準政府的な一団が、この状況では公務員と同一視されるであろう）。

慣習国際法において、いくつかの犯罪が普遍的管轄権の対象となる主要な理由は、便宜主義的なものである。恐ろしくまた普遍的に非難されている犯罪はたくさんある。しかし、ずっと小さなカテゴリーの犯罪事例では、犯罪者とされている者が、（古い時代の海賊および奴隷商人のように）海洋で活動しているからであれ、あるいは、犯罪を犯した場所である国家内の権力および腐敗という果実、また、その国家を離れる実際上の能力を享受しているからであれ、かなりの往来の自由を持つことはよくある。そのような場合に、犯罪者はしばしば本国における訴追を免れる。これらの者は、過去に普遍的管轄権の主張の的になった類の人々である。確かに、それらの者は依然として的になっている。たとえば、疑いをかけられた「戦争犯罪人」が、政治活動家および人権活動家の絶えず警戒している集団を含む万人に対して迅速な正義が開かれているロンドンやニューヨークやパリや他の都市に旅行で滞在しているときに、彼らを逮捕するために極めて数多くの試みがなされてきた。

最近では、慣習国際法よりも、条約によって個人に対する域外管轄権が生じることの方が一般的になっている。国家は国際的なコンセンサスを作り上げようとし、一定の定義された犯罪の抑圧に関する国際条約を採択しようとする。拷問、汚職、ジェノサイドのような犯罪に適用されるそうした条約の締約国はいずれも、外国（通常は申し立てられた犯罪が行われた国家）での訴追を受けるために被疑者を引き渡さない場合、他の締約国で行われた犯罪を訴追できることに概して同意している。被疑者を指名手配する他国に被疑者を引き渡すか、さもなくば被疑者が見つかった国の検察当局で訴追を提起するという「引渡又は訴追」（*aut dedere, aut judicare*）の原則は、過去において捜査を免れた可能性のある犯罪の取り調べを開始することを国家に促すのに大きな役割を果たした。

管轄権と財産

あたかも財産権のように実質的に扱われている他の「もの」に対して管轄権を拡大する試みが時おりなされてきた。ＥＥＺの資源に対する海洋法に基づく権利は、その一つの例として見なすことができるだろう。もう一つの例は、あたかも各国家が自国の通貨において保護する権利がある一種の知的財産権があるかのように、外国における外国人による通貨の偽造を違法とすることを、古くから国家に認めてきた国際法のルールである。しかし、アメリカが自国の科学技術を大幅な割合で組み入れた商品に対して管轄権を拡張することを試み、アメリカの制裁プログラムの一部として誰にもどこにおいてもアメリカ政府の許可なしに特定の禁止された場所へ売買することを禁止した際、他の国々はこれに反対した。アメリカの許可なしにアメリカの供給元から購入した高性能コンピューターをロンドン大学に売却しないようにオックスフォードの研究施設に命令すること、また、そのコンピューターへのアクセスを許されていない特定国籍の学生たちにはアメリカの許可を条件とすることは、行き過ぎた措置だった。制裁レジームの漏れを塞ぐことは、他国を怒らせることなく、つまり主権的独立を侵害せずに、一方的に達せられるものではなく、国際協力の典型的な役目である。人々が世界中を旅する際には、市民の義務がそれらの人々を自国の国内法にむすびつけることができるが、国家の管轄権は依然として圧倒的に領域に焦点を当てている。

法を遵守確保すること

法を制定することと、その遵守を確保することは、別のことである。執行管轄権（enforcement jurisdiction）は、厳格に属地的である。たとえば、国家はその国民の一人がテロ攻撃の計画に外国で参加したことを犯罪とすることはできるが、当該国家は当該国民を逮捕するために外国に警察を派遣することはできない。もし外国の許可なしに警察を送り込んだとしたら、その外国の主権を侵害することになるだろう。確かに、そうしたことは時々起こる。メキシコで指名手配犯を捕らえるために国境を越え、時には彼らに薬物を与えて木箱に隠し米国に内密に連行するアメリカの麻薬執行官のような悪名高い例がある。しかしながら、通常は、国家は国際法の作法を遵守し、もし外国で犯した犯罪について国家がある者を訴追したい場合には（あるいは自らの領域内で犯された犯罪であっても、容疑者が外国に逃亡した場合には）、当該個人の帰還を要求する。もし容疑者が自発的に戻らない場合には、居住している国家の当局によって逮捕され、訴追を要望している国家に引き渡されることもある。

ほとんどの国家は、引渡を要請している国家と要請された国家の間に発効している犯罪人引渡条約がある場合に限って、指名手配犯を引き渡す。そうした引渡条約は、二国間もしくは多数国間、または欧州逮捕状のような地域的な取り決めとして存在しており、一般に、最低限の期間の懲役によって処罰可能な、比較的重大な犯罪に関して引き渡しを規定するのみである。いかなる状況においても、自国民を引き渡すことを拒否する国家もある。また、ほとんどの国家は、引き渡しを要請している体制に対する抵抗といった「政治的な」理由のために訴追されていることが証明できる人々を引き渡すことは拒否する。

これらのルールは非常に明確であるが、政治犯の不引渡しは難民に関する国際法の諸原則、すなわち「人種、宗教、国籍もしくは特定の社会的集団の構成員であることまたは政治的意見」を理由に自国における迫害を恐れる者を補完する。一九五一年に第二次世界大戦の恐怖の結果として採択された「難民の地位に関する条約」（難民条約）は、一九六七年に採択された「難民の地位に関する議定書」（難民議定書）によってその範囲を拡大したが、実際には庇護を求めるために他国に入国する権利を難民に与えていない。同条約は、もし彼らが他国にいて庇護を求める場合に、当局は庇護申請者が〔同条約三三条に〕列挙されているいかなる理由によっても生命または自由が脅威にさらされるおそれのある領域の国境へ送還してはならない、とだけ述べている。不正確ではあるが、「庇護権」として広く考えられているものを、庇護が求められている国家への不法な入国あるいは滞在に依存させるという逆説は、「移民の密輸」の名の下でまかり通る、人間の苦悩と絶望のうちにある恐ろしい取引に内在する一つの（しかしそれだけではない）要素なのである。

法が衝突するとき

法が衝突するとき、たとえば、A国が領域性に基づいて立法し、B国が国籍に基づいて立法

図5　国内法が衝突するとき

するとき、また、ある者が相反する要求の間で身動きがとれないとき、何が起きるのか（図5参照）。フランスで女性は顔全体のヴェール（ブルカ）を着用しなければならないか、あるいは着用してはいけないか、または、そうすべきかどうかを選択できるかを決める権限を、誰が持っているのだろうか。もしフランスの立法府がブルカを着用することを禁止する法を制定するが、他の国家や（宗教的権威といったような）他の組織がブルカをかぶることは義務であって、ブルカをかぶらない女性には恐らく罰が下るだろうと述べたらどうなるだろうか。いかなる個人も、ブルカを着用することで、そしてブルカを着用しないことで、それぞれの当局によって処罰され得るのだろうか（図5参照）。禁止令が、衣服に対してではなく、酒に対して、違法な麻薬に対して、あるいは核兵器または生物兵器の保有に対して出ているなら、何か違いはあるのだろうか。

国際法は、伝統的に、自国領域における行為を規制する国家の権利を優先させてきた。このことは、もちろん、大部分は常識と便宜によって導かれた解決である。その実際的側面は明白である。関係者、関係者の行為によって最も直接に影響を受ける人々、犯罪の証拠、また、警察と他の当局の物理的な存在はすべて、当該行為の領域的場所にある。法執行は必然的に現地でしか行えないものであるから、行為が発生する場所の法に即時の優先権を与えないというのは現実的でない。しかし、これは原則の問題でもある。当該個人の国内法に、行為が発生する国家内にある事項を規律させることは、国際的秩序が構築されている基礎となっている国家の主権平等原則に相反するだろう。人権法によって課されている限界に服して、各国家は、他の国々がどう考えようと特定の種類の行為を禁止することを選ぶ権利を持っている。もちろん、それをすることが賢明か、あるいは正当化できるか否かという問いは、全く異なる問題である。国際法は、国家の管轄権に限界を設定するが、国家がどのようにその管轄権を行使しなければならないかは規律していないのである。

ある個人が帰国するとき、同人の国籍国は、その者が外国で行った行為に関連して、たとえその行為が発生した地では合法的なものであったとしても、訴追のための措置をとることができる。国家への反逆および類似の犯罪は、再び話題性のある例になりつつある。外国でテロ行為やテロ訓練に参加した者は、帰国した時に訴追され得る。

抵触する法的な要求の間に挟まれる人々、または、ある国の法が、人々に適用可能な他国の法のもとでは行う法的権利や自由を与えられているにもかかわらず、それを行うのを禁じる状況において身動きがとれない人々に対して、困難を引き起こし得る政策の衝突がある。世界の他地域にある法制度と抵触するアメリカの反トラスト法および他の貿易法は、すでに例として述べた。そのような状況が生じるとき、まずは現実的な基礎に基づいて、関係諸国の当局の間で協議により対処することが、傾向としてある。訴追と規制管理の発動は、裁量に任された手段であり、もしA国がB国に行為を罰することを控えるよう求めるもっともな理由がある場合、たとえば当該犯罪に関係する証拠のほとんどがA国にあり、A国が犯罪容疑者を訴追する意思があるような場合、B国の当局はしばしば、自国に案件を続行することを主張する特別な理由がない限り、管轄権を行使しないことを決定するだろう。こうした手段は、原則の問題を解決しないかもしれないが、少なくとも、関係国が行動することを不可欠であると考える場合に、矛盾する法の遵守確保を限定することができる。

しかしながら、ますます拡大する分野において、国家には、管轄権を配分する諸原則に合意する十分な共通利益がある。たとえば、どの国家も、麻薬取引人やテロリストの利益を保護することを望むとは、公言しないだろう。すべての国家は、それらの活動が規制されるべきであると述べるに違いない。このようにして、船舶と航空機のハイジャック、人質行為、無差別攻撃、また、テロ活動資金調達のような一定の類型のテロ活動に関する条約が存在する。これらの条約は、特定の犯罪に対する管轄権を確立し、特定された状況において各国の国内法を遵守確保するための措置をとることを、締約国に要求する。多くのそのような条約は、「引渡又は訴追」(*aut dedele, aut judicare*)原則を利用している。同様に、環境法および経済法のような分野で、基本的な方針および原則についての合意に向けた緩やかな動きがある。すべての国家(あるいは問題になっている条約のすべての締約国)が基本的に同じルールを適用するとき、それらのうちいずれの国家が所与の事例において実際に自国法を適用するかは、あまり重要ではないのである。

法の上にあるのではなく、法が及ばないこと

ワシントンDCの書店ではかつて外交車両プレート解読書なるものを売っており、違法に駐車された外交官の車に立腹している関係住民らの怒りを適切な方向に向けさせることができ

た。世界のほとんどの首都には、同様のフラストレーションに苦しんでいる住人がいる。外国の外交官によって享受される免除と、彼らの使用人や家族によって享受される、より制限された免除は、現地の当局によって嫌がらせを受けないことを確保し、そして彼らの公務の遂行を確保するよう意図されている。しかしそのことは、外交官が事実上は法の上にあるという広く行き渡った思い込みを消すことはない。その思い込みは、現地の警察が外国の大使館内に入りあるいは法の遵守確保を行う権利がないという事実によって一層はなはだしくなる。それゆえに、ロンドン警察は、ウィキリークスの創設者であるジュリアン・アサンジ（Julian Assange）が二〇一二年六月に庇護を求めたエクアドル大使館の外に、何年も配置されていたのである。外交官ではないアサンジ氏は、大使館の不可侵な敷地の外に一歩出たならば、即座の逮捕とスウェーデンへの引き渡しに直面したであろう。

外国の外交官と領事は、法の上にあるのではない。そうではなくて、彼らには警察の力が及ばないのである。「外交関係ウィーン条約」の下では、外交官は課税および住民税からの免除を享有する。そしてロンドン渋滞税が、いくつかの外国の大使館が主張するように税なのか、それともロンドン交通局が主張するように提供されるサービスのための許容される手数料なのかについての紛争では、外交官の車によって支払いがなされなかった当初一〇年間の日々の利用に八二〇〇万ポンドの罰金が科されることになった。しかしそのような特殊な免除は別にしても、外交官は法に服しており、他のすべての人と同様に法に従わなければならない。彼らが服さないのは、法執行である。外交官は逮捕されたり抑留されたりしない。外交施設は不可侵である。外交財産も押収できない。もし外交官が罪を犯して告訴されるならば、解決策は彼らを「ペルソナ・ノン・グラータ」（*persona non grata*）〔好ましからざる人物〕であると宣言して、当該人物を追放することである。実際には、厄介を避けるために、悪人は自身の当局によってしばしば母国へ送り返されるのである。

法執行からの同様の免除は、国家によっても享受される。国家は国内裁判所において、裁判を受けることを強制されない。国家の財産は、私人の財産が債務を支払うために押収されるようには、押収され得ない。そして国家は罰金を科されないし、裁判所の命令にも従わなくてよい。政府が政治と統治のみに限定して、本質的に主権者の権力の道具であった時に、主権平等の概念（後に、国家の主権平等）は、どの国にも他国の法に従うことを強制しない理由となった。国家免除は、かつては絶対的であったので、国家は決して訴訟を起こされることはなかった。

しかしこの一世紀の間に、国家は事実上明らかに商業的な活動にますます従事するようになった。もしある会社が家や工場を建てるためにセメントを供給する場合、それが民間の請負業者によって購入されていれば未払いの請求について訴えを起こすことができるところが、もしコンクリートが政府によって同じ事業のために購入されたならば同じことができないというのは不公正に思われる。もし船会社や航空会社が輸送することを約束した物を破損した場合、なぜこれらの会社が国有の時には訴えから免除され、民間所有の場合には免除されないのか。この問題は、ソ連および中国のような国家における中央計画経済の台頭とともに一層顕著になった。これらの国家の産業の多くは、世界市場で競争した。西側諸国は、商業的取引から生じる事例における〔国家〕免除を撤回する立法を採択し始め、国家の「公的」な統治行為についてのみ免除を維持した。商業的性格を有するが「公的」な目的でなされる取引（軍隊のために長靴を購入することがよく例として挙げられる）の類型など難しい問題は残るが、国際的なコンセンサスは今ではこの「制限免除」の概念を支持している。制限免除の概念は慣習国際法の一般的なルールになり、二〇〇四年に国連によって採択された「国及びその財産の裁判権からの免除に関する国際連合条約」（国連国家免除条約）に反映された。

国際法の主要なツールとしての管轄権

管轄権は、国家がそのなかで物事を成し遂げるための概念的な枠組みである。管轄権は、行動を規制し支配する各政府の権威と法的権限の限界を明らかにする。そして管轄権は、共通の目的を達成する際に諸国家が協力することを可能にする取り決めを、政府が構築するのを可能にする。管轄権は、諸国家の独立に対する権利を確保し、相互依存の手段となる。管轄権はすべてを分かち、すべてをつなぐ。

第六章と第七章は、この枠組みを使うことによって国家が達成できることの限界についての問題を検討する。ある特定の目的が正しいからといって、人々にその目的を達成するように義務づける法を作ることで当該目的を強制しようとすることが有用だ、ということにはならない。そして法があるからといって、あらゆる可能な場面でそれを強制しようとすることが有用であることを意味しない。法は時に役立ち、時に役立たない。そして法律家は、他の職人と同様に、賢明にも自分の仕事の性質に逆らわないように働く。

法は、すでに社会全体に強固にかつ広く理解されている目的と価値を表明している場合には、最も効果的に働く。その場合、法の役割は、人々の行動を変えるのではなく、それを正式に認め、命じることである。このことの要点は明白であり、なんら失望する理由はない。世の中の痛みと苦境のうち、熟慮された政策の意図された結果であることはほとんどない。たいていは、意思、資源または展望を欠いたことの結果である。

国際関係の状態についての考察のほとんどには、二面性がある。一方では、「解放の神学者」が言ったように、われわれはそれぞれ自身の井戸から水を飲まねばならないと考える傾向がある。人々は自己の自由と自己の未来のために戦わねばならない。なぜならば、外部の介入はたいてい失敗するが、成功する場合には通常何らかの新たな形の植民地主義をもたらすからである。もし国があまりに汚職と縁故主義にまみれ、別のおそろしい私物化された政治を定着させる結果となるだけであれば、外国からの援助や政権の転覆に何の意味があろうか。もし保護者が戦いのすぐ後にその国を離れ、その国が以前の状態に戻ってしまうのであれば、人々をある政府または反乱政権から守るために戦うことが、何のためになるのであろうか。なぜ人々に静かな自身の暮らしをさせておかないのだろうか。なぜわれわれは、自分たちを外国の利益に結び付けるつながりを断ち切ることができないのだろうか。

他方で、共同社会の方をより重視する見解もある。もし危険が止められなければその危険はわれわれの玄関先にすぐにやってくるというときに、なぜわれわれは中東でテロリストにやりたいようにさせたり、あるいは、アフリカの国々を病気で荒廃させたままにできようか。もし出身国において貧困と差別への取り組みがなされているのであれば、なぜあれほど多くの人身売買と不法移民の問題があるのだろうか。地球温暖化問題への取り組みの負担は、国家間で公平に分散できないのだろうか。

国家間の営みは、孤立主義と国際主義の両極の間で継続されている。われわれは仲間である人類をある方法で、ある時に、ある場所では助けようとする。しかし、われわれはその仲間たちの幸福のための責任を実のところ肩代わりはしない。政府は互いに助け合うが、それは政府が選択してそうするのであって、義務感ゆえにそうするのではない。政府の一番の忠誠は、政府を解任したり金銭の供給を絶ったりすることができる国民に常に向けられている。また、外国の問題を無視できる時には、ほとんどの政府は無視する傾向にあると、恐らくは言ってもいいだろう。しかしながら、驚くほどの国際協力はある程度存在し、そのことは、どのような状況で国家が協力することを選択し、また、どのように協力するのかという疑問を生む。

大まかな要点は明快である。すなわち、国家は、達成すべき目的に合意している状況においては、国際法を策定し、適用することに協力するということである。そのため、国際法は国家にルールを強制するためというよりはむしろ、国家間の自発的な協力を表明するために用いられる。実際に、国家の意思に反して強制されると確かに言える唯一の国際法のルールは、勝者によって強制される平和条約（現代の実行では、関係する主体の間でのより協力的な移行取り決めに譲る傾向にある）であり、また、少なくとも議論の余地はあるが、破産の深い闇を見つめている国家に提供される際の国際的な緊急支援措置の条件であろう。その他の分野において国家は、国内的または国際的な圧力に直面して嫌々ながらであるとしても、協力取り決めを締結することに合意する。

なぜ、どのように国家は協力するのか

合意のメカニズムは異なる形式をとり得る。すべての国家、または実質的にすべての国家が純粋に同じ立場をとる事項もある。拷問は容認できないという考え方は、その一つの例である。

実際に何が拷問に当たるのかということについては、相違があるかもしれない。水責めについての論争は、そうした相違の所産であった。「時限爆弾」シナリオのような極端な状況における最終手段として、仕方なく拷問を許容可能と見なす心裡留保さえもあるかもしれない。そして、「国連拷問等禁止条約」の締約国のリストには、確かに、拷問を行っていると言われている多くの国家が含まれている。しかし、国家が日常的に拷問を行う法的権利の維持を支持すると実際に表明する国家はない。

そして、ルールさえあれば、どのようなルールが採用されているかには、国家が特に関心を払わない事項もある。いかに恣意的であっても、道路の右か左のどちらを運転するか、一つの国家の中で決定する必要があるといった場合である。技術標準に関する国際合意は数多くある。メートルやキログラムの正確な定義、航行のルールおよび船舶と航空機のシグナル・コードから、食品および医薬品のラベルの仕様に至るまで、この現象を例示している。

また、国家が、どのようなルールが採用されるかについて確固とした考えを持っているが、それにもかかわらず無秩序な状態または矛盾するルールの混乱よりは、単一のルールについて妥協した合意を持つ方がよいと考える事項もある。関係国家による合意の例として、資源保護を理由に漁網のサイズを制限したり、また、世界中の港湾および空港によって「安全」であると受け入れられる船舶および航空機のデザイン仕様を定めたり、あるいは、食品および医薬品の純度の標準を定めたりといったことがある。

そしてまた、たとえば、遺言と遺言書による財産処分の効力、また、契約の効力についてのルールなど、さまざまな法的な問題についての国内法を調和させる多くの条約がある。共通のルールを受け入れることによって、何らかの国際的な側面を持つ個人の法的な相互作用に効力を与えることが容易になる。よく知られている例として、「国際航空運送についてのある規則の統一に関する条約」(ワルソー条約)では、手荷物が紛失または損傷した場合の航空会社の責任の範囲などのような事項について合意されたルールを定めている。このワルソー条約は通常、航空券に記載されている。これは、国際私法(または、「抵触法」としてよく知られる)の領域である。国際私法は、それぞれの国内法制度の中のひとまとまりのルールであり、どの国家の民事法を「外国」の要素を持つ私的当事者間の関係に適用するかを決定する。たとえば、イタリアで執り行われるスコットランド人男性とイングランド人女性の結婚に、イタリア、スコットランドまたはイングランドのいずれの法が適用されるか、あるいは、エジプトでのプロジェクトに物品とサービスを提供するアメリカ企業とインド企業の間の契約は、アメリカの州、インドまたはエジプトのいずれの法が適用されるか、といったことである。国際私法は、民事法の下の個人の権利、義務および権能に焦点を当て、それぞれの国内法制度の中のルールによって構成されている。国際公法は、対照的に、国家の権利、義務および権能、そして、たとえば刑法や税法などにあらわされている公権力の及ぶ範囲に焦点を当て、条約および慣習国際法などの国際法のルールによって構成されている。このようにして、各国法制度、たとえば、イングランド法、フランス法などは、独自の国際私法ルールを持つ。しかし、国連国際商取引法委員会（ＵＮＣＴＲＡＬ）およびハーグ国際私法会議のような組織によって発展した調和のための条約は、どの国の裁判所が紛争を扱うかによって法的問題の答えに一貫性がなくなるかもしれないといった、国内法の違いから発生する現実的問題を緩和することに大いに役立っている。

これらの事例は、ある分野では他の分野よりも多くの国際合意を生み出す理由をいくらか示している。もちろん、中間的な事例もあり、また、国家が合意に至ることに熱心な他の理由もある。しかし、ほとんどの国際合意の形成は、以上に説明した状況のいずれかを反映している。

同様に、共通の利益は必然的に、ひとたび作られたこれらの合意の多くに対して、国家の遵守を引き出す傾向にある。たとえば、定期点検によって事実が発見され、恐らくはその商品が販売から撤去され、また、買い手の支払い拒否を招くとわかっているのであれば、国家が輸出食品に対する不正表示をしたい理由があろうか。

しかしながら、他国が合意を守る中で、ある国家にとって合意されたルールを破ることが利益になる状況も存在する。漁獲制限はその一例である。もしＡ国がルールを守らない中で他のすべての国家が守るならば、Ａ国は資源保護と漁業管理という課題に貢献をしないで自国の利益となる健全な漁業資源の増加が見込まれる。これが「フリーライダー」問題である。A国は利益を受け、他のすべての国家が代償を払う。このフリーライダー問題は、なぜ国際標準は内在的な傾向としてどちらかといえば緩いのかという理由の一つである。もし標準が厳しすぎれば、何カ国かはそもそも参加しないであろう。より厳格な標準によって何カ国かがその受諾を拒否するよりも、すべての有力な国家が少なくとも多少の標準によって拘束されるので、その活動におけるすべての重要な参加者にとって合意できる十分に緩い標準を持つ方がよい。

国家が合意する理由に関わる最後の点である。法は悪いことのすべてを禁止すべきだと時として考えられるが、ほとんどの人は法が可能性の技術の行使であると気づいている。比較的容易には遵守することができないルールを制定することは無意味である。環境法は明快な実例を提示している。エアゾールにおけるCFC（クロロフルオロカーボン）使用禁止に関する普遍的な合意は、一九八七年に「オゾン層を破壊する物質に関するモントリオール議定書」（モントリオール議定書）により達成された。しかし、気候変動を回避する重要な活動についての合意はつかみどころがなく、依然として遠い先のことに見える。なぜなのか。その答えは、CFCの禁止は、買い手が商業的に魅力ある代替的高圧ガスを入手できるようになり、製造者が他の製品に切り替えることができるようになってはじめて採用されたためである。全く痛みがないわけではないが、禁止の実施は、その意図された目的を果たすことにおいて明らかに実行可能かつ有効であった。気候変動の場合、行動のコストがとても高く、かつ、国家間で不均等に配分されるであろうし、また、どのような特定の措置についても有効性に対する疑念が依然としてある。妥協点を見いだすことにはそれ相応の困難があることが判明しつつある。何かがなされなければならないということについての合意は、それが厳密に何か、いつ、誰によってなされるべきか、誰が支払いを負担するかを合意するより、容易であった。さらに、合意を実施するために必要となる行動は、運輸、エネルギー、税制、貿易、都市計画など、社会生活全般にわたって広がるものであり、一つの政府の部局に付託された権限内のものではなかったため、国家にとって交渉ポジションを定めることや、暫定的な妥協であって合意する権限を持つ交渉官を派遣することが相応に難しいことが判明している。二〇一四年リマ・ラウンド交渉の後に、国連気候変動担当特使が述べたとおり、「多数国間のプロセスを存続させるための」十分な前進があるものの、世界に衡平で野心的な法的拘束力を持つ気候合意を採択する用意があるとの確信を与えるほどの前進はない」ということであった。

協力の促進

ここまで取り上げた例は、いずれも規範を示す合意を想定している。それは、人々にあることをすること、またはしないことを要求するルールまたは標準であり、ジャムの瓶の正確な表示にせよ、拷問や奴隷制の禁止にせよ、締約国は従うことを義務づけられている。しかしながら、これらが国際協力の唯一の種類というわけではない。任意の協定も存在しており、ルールや標準を規定するというより、取引を円滑化することが意図されている。

法制度間の協力は一例である。たとえば、判決の相互承認および執行に関する条約もあり、一締約国の法廷で出された判決が、他の締約国の法廷であたかも自国の判決であるかのように、最小限の必要手続きによって効力を与えられる。他にも、海外の法的文書のサービス、刑事事件および税務調査の遂行のための証拠収集における相互支援、また、社会保障および医療支援へのアクセスを規定する条約がある。欧州審議会は特にこの分野で積極的である。「欧州人権条約」以外にも、他に二百もの条約があり、すべてが「経済的、社会的、文化的、科学的、法的および行政的事項の共通行動」を促進することを意図している。世界知的所有権機関（WIPO）および世界保健機関（WHO）などの国連専門機関のような専門的国際機構は、自己の活動分野の範囲内で条約および他の文書を採択する。

また、共通の関心事の問題に対応する特定のメカニズムの取り決めを制定するというより、議論の場を提供することを主眼とする協定もある。このように、国際機構を設立する条約は国際法によって確保される国際協力の一つに数えられなければならない。

最も自明な例は国際連合である。その主要な機能は、何でもするというよりは、単にそこに存在することである。そこは、世界中から外交官が集まり、その人々が選んだいかなることについても話し合うことができる場所である。そこは、数えきれないほどの国際的な理解に到達し、合意と行動方針の決定がなされる現場である。決議として繰り返し記録されたり、ましてや拘束力を持つ条約になったりする割合はとても小さい。しかし、理解と合意は非常に重要である。たとえば、冷戦後の時代の際立った特徴である「有志連合」のような協調軍事介入に根拠を与えるためには条約は不要である。

国際機構の範囲は非常に広い。ブリュッセルを拠点とする国際団体連合（ＵＩＡ）は、消滅または休眠した団体を含め、六万六千を超える国際機構のリストを作成している。ほとんどは（ＵＩＡ自身も含め）非政府組織であるが、五千を超える政府間団体がある。多くの専門国際機構は、（まだ）国連本体のメンバーではない国家の参加を認めている。たとえば、国連教育科学文化機関（ＵＮＥＳＣＯ）は、一九五の加盟国の中に、いずれも国連加盟国になっていないパレスチナとニウエを含んでいる。国際機構では、各国が規模や国力にかかわらず、同数の投票権を持つことが通例であるため、ＵＮＥＳＣＯではニウエは、人口が同国の一〇〇万倍以上の中国と同数の投票権を持つ。しかし、例外的にいくつかの国際機構は加重投票制度を持つ。ＩＭＦと世界銀行、そしてＥＵは最も注目に値し、国家の相対的な投票権の大きさがその国家の経済的な力または重要性を反映している。ＩＭＦではたとえば、中国の九万五九九六票、イギリスの一〇万八一二二票、ツバルの七五五票と比較して、アメリカは四二万一九六一票（全体の一六・七五％）を有する。

これらの国家間の国際協力の事例は、共通して、コストを上回る協力の利益がある。協力はたいてい、利他主義における行動ではなく、啓発された自己利益における行動であり、国際的な活動のいくつかの分野は、他の分野より啓発された自己利益の影響を受けやすい。

国家が合意するもの

二六〇〇巻の『国連条約シリーズ』（*United Nations Treaty Series*）はオンラインで利用可能であるが、そのいくつかにざっと目を通すだけでも、国家が前世紀半ば以降に締結した条約には、二国間と多数国間、ローカル・地域・グローバルといった計り知れない多様性が明らかになる。『国際連盟条約集』（*League of Nations Treaty Series*）および多様な各国編纂の条約集など、その他の条約集は、より前の年代のさらに多くの条約を含んでおり、そのうちいくつかは効力を持ち続けている。この条約締結の実行の全体を要約しようとすると、いくぶん独断的で曲解されたものにならざるを得ないが、国際的な注目を集めるものも目立つ。

国際協力の最も重要な分野は恐らく国際経済であると言ってよい。約一六〇の加盟国・地域を持つ世界貿易機関（ＷＴＯ）は、一九九四年「世界貿易機関を設立するマラケシュ協定」（マラケシュ協定）の下、「関税と貿易に関する一般協定」（ＧＡＴＴ）を引き継ぎ、世界貿易の約九五％が依拠する諸原則を定める個別具体的な協定のネットワークの中心にある機構である。ＷＴＯ加盟国・地域によって受入可能な総合的な一括提案を作り出すために、ある分野の譲歩を他の分野の獲得と均衡させることができた。これは、一括提案が関税や輸入制限だけではなく、補助金、貿易の技術的障害、原産地規則、衛生植物検疫措置、そして（より議論を呼ぶ）知的所有権の貿易関連の側面などの問題を規定していたことによる。ＷＴＯはまた、よく利用されている「紛争解決了解」を管理し、それに基づいて貿易ルールの違反申し立てに対する紛争処理パネルによる裁定を提供している。これには、ホルモンを投与された食肉製品の販売と輸入に対するＥＵの禁止などの問題についての注目を集めた紛争などが含まれる。

これらの問題についての合意は苦労して得られたものであり、ＷＴＯの実行では多数決ではなくコンセンサスによって措置が採択されるため、多くが望むように国際貿易政策を進展させる積極的な役割を果たす能力がしばしば脅かされてきた。それでもなお、すでに組み込まれた枠組みは重要な成果である。

貿易の枠組みは国際金融制度によって補完されており、ＩＭＦが為替規制を監督し、また、世界銀行グループが途上国と移行国における主要プロジェクトへの支援を提供する。世界銀行の借款に条件を付けるという実行は、国際ルールを補強する重要なメカニズムとなってきた。たとえば、主要なダムのプロジェクトへの支援は国際環境基準の遵守を条件に行われる。ＩＭＦコンディショナリティの方は論争を引き起こすことが多く、ＩＭＦが、途上国経済には効果に疑問がある西側諸国の経済政策を推進する手段として使われてきたという批判がある。それにもかかわらず、これらの組織に加え、さまざまな地域開発銀行のような関連機関、および、国際債務の再交渉のためのフォーラムを提供する、いわゆるパリ・クラブとロンドン・クラブは、国際貿易を促進し、経済的相互依存を推進するために多くのことを達成してきた。

他の条約もある。投資を促進し保護するための二国間条約、知的所有権の貿易枠組みへの統合を容易にする措置、また、調和のための措置にはすでに言及した。国際輸送および国境を越える労働者の移動に関する協定が、リストに追加可能である。これに関連する国際法は十分に機能している。なぜならば、国際貿易の流れの障壁の多くが保護主義的政策の結果かもしれないが、その障壁は法的な形式をとる傾向があるためである。その形式とは、為替管理のような事項に対する直接の規制、もしくは、国内法制度の間の相違により間接的に生じる障壁である。そのいずれもが、たとえば、貿易制限の緩和といった目的が明確に定義され一般に受け入れられている状態での法的解決に適している。国際労働機関、国際民間航空機関、国際海事機関および運輸・通信インフラに関連する多くの機構のような国際機構もまた、国際商取引の円滑な推進において重要な役割を果たしている。

人道法と人権

国際法が相当な成功を収めている二つめの分野は、人道法と人権の分野である。

人道法は国際法の最も古い部分の一つであり、戦争状態における不要な苦しみを回避するという政府による一般的な願望は、その歴史を通じて紡がれてきた、もろいが不可欠な糸なのである。人々は、他者に対して武力を使うとき、自らの側に正当性があり、自らは無分別な暴力を避けることができると思いたいものである。第四章で検討したユス・イン・ベロは、この関心から生じている。また、職業軍隊の規律を求める要求を明確化し強化することによって、戦争によりもたらされる苦しみと荒廃の緩和に対して重要な貢献をしたことに疑いはない。

国際連合の時代の偉大な世界規模および地域の人権文書もまた、印象的な成果である。もちろん、それらは常に遵守されているわけではない。確かに、完全には決して達成されることのない非常に広範な権利が厳格な文言で主張されている。しかし、重要なことは、国家の行為を照らして測るための国際的に合意された基準が明文化されていることである。過去七〇年において、いかなる政府も、国際法は国家の自国民の扱いとは無関係であり、いかなる国もそうした問題に関心を持つ権利はないと主張することはできなかった。地域的人権裁判所、国際的刑事裁判所および国家が報告を行う監督委員会（たとえば、拷問、児童の権利、女性差別、移民労働者の権利および障害者の権利などの人権に関わる側面についての国連委員会）の制度は、人権問題を国家の思考と政策決定の中にとどめている。

「イギリスでペットの猫を飼っているので、男性は国外退去を免れる」といった類の、人権に関わる都市神話があり、ときおりわかっていない政治家に広められたが、これは見当違いである。これらの多くは全くの間違いであるが、そのいくつかに一片の真実があるとしても、解決策は、確かに国家当局が国際人権法の基準をより理性的に適用することでなければならず、いかなる文明社会においても許容され得ないある種の行動があるという考えを放棄してはならない。たとえいくつかの政府がカーテンが引かれた背後で行おうとしても。

環境保護

人類が直面する環境および生態系の脅威の規模を示す多数の証拠が相次いでいる。地球温暖化、自然の生息環境の破壊、種の絶滅の警戒すべき速度は、いまや世界の初等教育における日常の一部を成す問題である。これは、国際法がいくつかの重要な成功を達成した分野である。

汚染は国境を守ってくれない。一国の局地的な公害を超えるものを真剣に管理しようとすれば、国際協力が求められる。協力するためには、いくつかの要素を結び合わせる必要がある。すなわち、問題に対する共通認識、問題の緩和に有意に貢献することができる科学技術的に安定しかつ経済的に実行可能な解決策、そして、多くの場合、おおむね衡平な方法で国家間に行動の費用と便益が拡散されるという了解である。いくつかの分野では、これらの要素が結び合わさった。

海洋汚染もその一つである。船舶の設計と設備の進歩は、石油その他の汚染物質の意図的および偶発的な流出の大幅な減少を可能にし、また、その潜在的な利益は国際海事機関の下の一連の国際協定の採択と実施によって実現された。それらの協定は、そうした新しい科学技術を整然と安価な方法で段階的に導入し、世界の船舶総トン数の大部分に対してそうした科学技術を導入することで、ならず者の船主がサブスタンダード船〔条約の基準に適合していない船舶〕を運航することによって廉価なサービスを提供し、市場を切り崩すようなことを、どうにかできなくしている。国際法は、世界中の港湾当局の活動を調整するさらなる合意を通じて、設計および運行基準に関する合意を補強している。そうすることにより、国際貿易に従事する船舶が、航海中にいずれかの港湾で頻繁に査察を受け、国際的な基準に適合しているか実効的に監視されるよう確保されている。

生態系の分野においても同じような成功事例がある。漁獲および狩猟を規制する条約は、乱獲と現実の絶滅危機に直面している多くの種を保護してきた。「持続可能な開発」のような概念は、国連の環境と開発に関する世界委員会および類似の計画において生み出され精緻化されたが、こうした概念が国家および商業的な計画において採用されることは、環境への懸念と、環境問題に対処する戦略の策定に対し、容易に理解される具体的な形を与えてきた。「絶滅のおそれのある野生動植物の種の国際取引に関する条約」（CITES）および「生物多様性条約」のような条約は、環境管理の発展に対して、大きくかつ有益な影響を与えてきた。たとえば、今日の世界での主要な土木プロジェクトにおいて、請負業者や資金提供者、受け入れ国政府が、プロジェクト計画の通常業務の一環として環境影響調査を行わない事案はほとんどない。

これらの事例は重要な点を例証している。国際法および国際的基準の主要な価値と実際的影響は、国際裁判所・法廷の決定や国際機構の決議にあるのではなく、世界中の政府および民間の官僚的組織がルールおよび基準を内部化することにある。それゆえ、遵守は二次的な性質のものなのである。それは、環境法の場合と同じくらい、貿易政策および人権・人道法の発展においても当てはまる。実際、国際的な活動の範囲ほとんどすべてにわたり当てはまる。

犯罪と処罰

成功を収めている国際協力の四つめの焦点は犯罪活動の抑制である。麻薬密売、資金洗浄、汚職、物品および医薬品の偽造、サイバー犯罪、テロリズムといった犯罪は、各国当局が協力してこそ対応が可能となる。そして、国際法は、そのような協力を確保する議定書と了解のための当然の手段である。国際刑事警察機構（ＩＮＴＥＲＰＯＬ）は、加盟国が一九〇カ国あり、各国警察をつなぐ地球規模のネットワークを維持しており、日常的にそれらの間の協力を促進している。国連薬物犯罪事務所は、特に懸念される特定の種類の犯罪活動に関わる戦略と政策の進展により関心を持っている。そして、国際犯罪の訴追に対する管轄権の障害を克服すべく起草されてきた条約の多くもまた、各国当局間の協力について規定している。

国際犯罪は、問題の非常に多くがそれ自体、法的な性質を持つため、法が国際的な行動を促進するのによく適したもう一つの分野である。海賊行為がよい例である。ヨーロッパの数カ国の海軍が、海賊を抑止または逮捕するためにインド洋の海域の取り締まりにおいて協力している。海賊行為は、公海上で海賊を拘束するいかなる国家によっても訴追され得る「国際犯罪」として、長年にわたり確立されてきた。しかし、たとえば、イギリスにおける裁判のため逮捕するすべての海賊を引き渡すために、イギリスの軍艦が航行して同国に戻ることは、全く非現実的である。近隣の沿岸国において被疑者を裁判にかける方が理にかなっている。しかし、そのためには、その裁判が行われる国家の法によって要求される方法で逮捕が実施され、証拠が収集されなければならない。さらに、裁判のためにイギリス当局によって被疑者が引き渡されるゆえに、イギリス当局は、裁判と処罰の条件が人権条約に基づくイギリスの義務と整合的であることを確保しなくてはならない。適切な手続きを決定する国際合意は、ケニアのような国家によって容疑を受けた海賊の裁判を可能にし、問題に取り組む国際的な努力が進められるようにしている。それらの協定は、当然ながら万能薬ではない。ケニアにとっての相当なコストと、海賊を助長する社会的・経済的状況は、同様に対応を迫られている一層明白な問題の一つである。しかし、法的ルールと手続きにおいて連携することは、実質的な協力への道を開く必要な一歩である。

例示のリストを延々と続けることはできるが、それを続けてもほとんど価値はない。要するに、国際法は、ものごとを行う方法として最良と見なされているということである。そして、言葉にできるほとんどどのような国際取り決めも法にすることができるし、その取り決めは将来の参考として確立することもできる。しかし、国際法が役に立っていないものもあり、第七章ではそれらを取り上げることとする。

第七章　国際法が十分には（または全く）役に立っていないこと

国際法は基本的には、原則と目標についての国家間での合意を記録するための言語（コンピュータプログラム言語のようなもの）である。ひとたび合意に至れば、それを条約の形式で法に盛り込んだり、慣習国際法のルールとして国家実行から推察したりすることは、特に難しいことではない。そして、ひとたびそのルールが明確に表現されるならば、たいていは概ね十分な程度に遵守される。熟練した国際法研究者・実務家は、共通点が見いだせる基盤となる重要な領域を特定して、遵守を監視し、紛争を解決する適切なメカニズムとともに、それらを結びつけ、そこから合意された原則と目標の実施を促進する強固な法的レジームを作り出すことができる。しかし、国際法は何もないところに合意を作り出すことはできない。

そのため、国際法は、諸国家の利益が根本的に異なる国際問題の革新的な解決の促進にはあまり適さない。たとえば、気候変動や、専売薬の商業利益の保護には適さないのである。途上国は、産業革命後の二世紀にわたり先進世界が享受したような、古くて比較的「汚い」科学技術を自国経済において用いることを、成長期には認められるべきであるという見解をとるかもしれない。また、途上国は、新薬に対して、ジェネリック薬のように廉価に製造・販売されるべきであるという緊急な人類のニーズがあれば、それが認められるべきであると考えるかもしれない。先進国は、異なる（国・地域）経済の相対的な競争力を深刻に混乱させないようにして、環境災害を回避する責任はすべての国家によって分担されるべきであるという見解をとるかもしれない。また、先進国は、特許独占の限られた期間中に医薬品から高い利益を得ることによって、研究開発費用を回収しなければ、研究開発が枯渇し、自国企業および公衆衛生全般の損失に至ると考えるかもしれない。

このような論争を解決することは、法律家の仕事ではない。法律家は、投資受入国の経済的繁栄に関連する予定表に対して環境規制を段階的に実施する法的義務や、古い工場と設備の会計上の評価損処理を行う法的義務の文言を練り上げることができるかもしれない。あるいは、法律家は、伝染病のために使用が必要な特許医薬品製造の強制実施権を国家が発動してよい状況を定義する方法を立案することができるかもしれない。しかし、法律家は、そうした解決策が受入可能かそうでないかを決定する特別な能力や権限を持ってはいない。それは政治的な選択である。ほとんどの法律家は、そうした解決策が経済的または商業的に意味を持つかを述べるための専門知識を持っておらず、ましてや、雇用や競争力に対するそれらの効果について、信頼できる予測を行うことはできない。

同様に、法律家は、国際法の問題として、特定の軍事行為が合法か否かという問題に対する答えを提供することはできる。しかし、法律家には、合法的な活動への従事に対する倫理的正当性があるかどうかを述べる特別な能力はない。ましてや、法律家は、そうした行動をとることに、十分な軍事的または政治的な利点があるかどうか述べることはできない。イラク、リビア、アフガニスタンやその他の場所における軍事行動の合法性をめぐる議論がいかに活発であるとしても、その質問は決して結論には至らないだろう。何かをする権利があるからといって、それをすることが正しいということを意味するわけではない。

関連する論点として、国際法はそれ自体で国際的な正義を実現することができるわけではないということが挙げられる。国際法に関する最高裁判所が国際司法裁判所と名付けられ、また、「国連憲章」が「正義及び国際法の原則に従」うことおよび「国際の平和及び安全並びに正義」を目的として堅持することを要求しているとはいえ、国際法制度において通用するものは法であり、正義ではない。それゆえ、海洋で国家間の境界を画定する際、国際司法裁判所は、矯正的正義や再分配的正義に関わることはできないと考えていることを明言している。貧しい国や海岸線が短い国は、その海岸に隣接した海域のより大きい割り当てを与えられることによって補償されることはない。同様に、不平等条約や不当債務といった考え方は、過去に国家が受け入れた交渉結果が、その条件が過酷なほどに不公正であると見なされることを理由に覆され得るが、国際法には定着してはいない。

われわれが、正義のような概念を、その形態を問わずに国内から国際的な局面に取り入れることには、危険を伴う。民主的に選ばれた政権が、一方では、国家の中で有権者およびその他の人に対し、他方では、他の国家の市民および人類全般に対して負う義務を調整することの困難は、大きすぎるものであり、国際法の権利または義務の独立した源泉として「正義」を位置づけることは不可能である。国際法はしばしば、ある国や他の国が自国の選択によらずに責任を負わなければならない状況において適用される。自国の飢饉に対応しなければならないために国際債務を支払うことができない国家や、権力の座を追われた政府の腐敗や国家資金着服によって莫大な債務を被った国家も、現在の政府に対する人々の同情がいかに大きいとしても、依然として支払いの法的義務を負うであろう。法は法的な権利と義務の遵守確保を提供するものである。必要とする人々に対する援助と支援の提供は、政策の問題である。法は権利と義務については心得ている。しかし、思いやりと寛容の概念については困難を抱える。法は、世界をより公正にすることを目的とする政策の実現のためのかけがえのない手段であり、ＧＡＴＴとＷＴＯにおいて途上国に対する特別優遇措置の付与がその好例である一方、それ自体の力によって正義と公正を奇跡的に生み出すことはない。

また、国際法はそれ自体の遵守確保を保証するものでもない。仮にある国家が、その法的義務を無視すると決めていれば、他の国家はその国に制裁を科すことができ、個人は自身に不買運動を課すことができる。しかし、いかなる法もそれ自体で国の行動を変えさせることはできない。

法は手段であり、法務は技能である。いずれもその本来の限界をはるかに超えることはできない。これは、少なくとも現在のところ、国際法が人類の福祉にさほど多くは貢献することができそうにない複数の分野があるということを意味する。国際法は、貧困や病気を減らすことはできないし、世界中の平均寿命や収入、また、水や教育へのアクセスを平等にすることもできない。法は、こうした目標に向けて取り組むための国家の合意を表明し、効果を与えるために使うことができるが、それ以上のことはできない。法によって、人々が善良である必要がないほど完璧な制度を構築することは、到底無理である。

監訳者あとがき

二〇二二年二月、国連安全保障理事会の常任理事国であるロシアがプーチン大統領の決定によりウクライナに軍事侵攻し、第二次世界大戦後の国際法秩序を破壊する暴挙に出たことは、一般の人々や大学生（法学部に限らない）が国家関係の基本に立ち返って国際法とは何かについてあらためて真剣に考える機会となっている。国際政治的には、国連は機能不全に陥り、国際法は無力である。ウクライナがロシアの侵略に持ちこたえることができているのは、ウクライナの人々による国土防衛に対して、アメリカをはじめとする北大西洋条約機構（NATO）諸国や欧州連合（EU）の軍事・財政支援、日本を含む西側諸国の対ロシア経済・金融制裁などがあるからであるということになる。では国際法的には、どのように考えればよいのだろうか。

本書『かんがえる国際法』の原書 *International Law: A Very Short Introduction*（オックスフォード大学出版局、二〇一五年一一月）の翻訳を考え始めたのは、ちょうどその頃のことであった。著者のヴォーン・ロウ（Vaughan Lowe）はオックスフォード大学名誉教授で、高名な国際法学者である。

とはいえ、監訳者は実は国際法研究者ではない。ＥＵ法の研究者であり、慶應義塾大学大学院法務研究科（法科大学院）教授としてロースクール生をはじめとする大学院生や学部生に長年にわたってＥＵ法について教えてきた。ＥＵからはＥＵ法研究の権威であることを示すJean Monnet Chair ad *personam* という称号を授与されている（Jean Monnet とは欧州統合の父祖の一人である）。ＥＵ法は国際法よりも国内法に近い存在であり、機能的な意味でＥＵ憲法が存在して統治機構、人権や加盟国法との関係をコントロールし、実体法（substantive law）として域内市場法が市場統合を規律する。

ところが、三年前に中央大学総合政策学部に移籍して国際法入門も担当するようになり、教育上の壁に突き当たった。非法学部の学生に国際法入門を教えることがとてつもなく困難な作業であることに気づかされたのである。なぜならば、とくに非法学部の学生にとっては、国際法には違反に対する強制力がなく、守られないことが多いという理由で「法」ではないという意識が根強くあるからである。つまり、「法」であるためには、国家の強制力が法の実現を保障することが不可欠であるという認識である。このような傾向は、一般の社会人の間にも同様に存在するように思われる。

そこで、このような「壁」を克服する目的でわが国の著名な国際法学者に教えを請うため、刊行されている国際法入門書をすべて手に取って確認したところ、(浅学非才ゆえの)個人的感想として気づいた共通点があった。国際法入門であっても、多かれ少なかれ、どれも法学部生向けになっているということである。その意味で法学を学んでいない初心者向けにはなっていないように思われた。他方で、国際関係学部、総合政策学部などの非法学部においても「国際法」や「国際社会と法」(内容的には国際法入門)という科目が設置されていることが多い。そのような非法学部の学生や、国際法に関心や疑問を抱く一般社会人のために、国際法の基本的な考え方を理解するのに役立つコンパクトな入門書が必要であると痛感した次第である。

本書の原書 *International Law: A Very Short Introduction* に話を戻すと、オックスフォード大学出版局の日本語ウェブサイトによれば、「A Very Short Introduction」という副題は「難解なテーマを分かりやすく解説する入門書シリーズ」の一つであることを示しており、一九九五年創刊以来、現在までに七〇〇タイトル以上が刊行されている。また、本シリーズは、「世界各国の評論家からの評価も高く、知識欲の強い読者の間では定番の入門書として定着」しており、「専門家による分析や新しい見解を盛り込みながら」、「難解なテーマを平易に説く、刺激に満ちており、「初学者にとって最適の入門書」である。つまり、体系的な知識を提供するわけでないが、そこに入っていくための「導管」として役立つというわけである。

読者は、本書の目次を見るとそのような予感が生まれ、本書を一読した後には国家の強制力が法の実現を保障するために不可欠という点は国際法には該当しないけれども、国内法とは異なる意味で「法」であるとはどういうことなのかを実感するはずである。では、国際法はロシアのウクライナ侵略という問題の解決にどのような力があるのか。それについて考えることは、本書で国際法入門を終えた個々の読者の課題である。本書『かんがえる国際法』のタイトルは、読者にとって国際法に入る「導管」となり、また、個々人にその後の知的課題を提起する意味が込められている。

本書の共訳者は監訳者を除いて六名であるが、主に二つのグループに分かれる（以下、敬称略、アイウエオ順）。一つのグループは、アニュ・ブラッドフォード著、庄司克宏監訳『ブリュッセル効果　EUの覇権戦略――いかに世界を支配しているのか』（白水社、二〇二二年五月）を刊行した際の共訳者である国松麻季、佐藤真紀、望月康恵であり、今回も再びご協力いただいた。また、もう一つのグループは中央大学で国際法を教えている小坂田裕子、小島千枝、中坂恵美子である。

翻訳作業においては、初回のみ共訳者全員が対面で会合して原書の担当部分の内容紹介と確認を行い、その後は各自がメールのやりとりを通じて翻訳作業・修正と相互チェックのサイクルを三回繰り返し、監訳者が各プロセスで共訳者からの質問にその都度回答する形で最終稿を仕上げることができた。その後、校正直しの段階で監訳者が最終チェックを行ったが、予期せぬ誤りや初歩的ミスが多々あるかもしれない。監訳者として読者のご叱正を賜りたい。他方で、共訳者全員には各自の本務その他で多忙な中、貴重な時間を割いて翻訳作業に打ち込んで高水準の成果を出していただいた。また、翻訳作業において適切な訳語を見つけるため、わが国の代表的な国際法基本書の数々を参照させていただいた。この場をお借りして謝意を表したい。

本書の企画は、前掲『ブリュッセル効果』に続き、白水社編集部の竹園公一朗氏が快く賛同下さったことにより実現した。竹園氏はいつも複数の企画を同時進行で抱えながら成果を出される「スーパー編集者」である。体力的にきついことやご家庭を顧みる役目がありつつも、常に親切に対応してくださり、ご尽力くださった。深く感謝申し上げます。

二〇二四年二月

庄司克宏

図 版

国際法研究者・実務家にとってとくに関心のあるウェブサイトの中に国連が運営するネットワーク <https://www.un.org/en/> があり、それには国際法が関わる国連の仕事についての特別のセクション <https://www.un.org/en/our-work/uphold-international-law> が存在する。世界貿易機関（WTO）<https://www.wto.org/> や欧州審議会 <https://www.coe.int/en/web/portal> のような他のほとんどの国際機構も、独自のウェブサイトを有している。また、国際司法裁判所（ICJ）<https://www.icj-cij.org/home>、常設仲裁裁判所（PCA）<https://pca-cpa.org/> の下で組織される法廷、欧州人権裁判所 <https://www.echr.coe.int/>、および、投資紛争を審理するため世界銀行により組織される法廷 <https://icsid.worldbank.org/> のように、主要な国際裁判所・法廷についても同様である。環境法 <https://www.unep.org/explore-topics/environmental-rights-and-governance>、海洋法 <https://www.un.org/depts/los/>、および武力紛争法 <https://www.icrc.org/en> のような個別の主題においても、政府間または非政府間機構により維持管理されているウェブサイトが存在する。さらに、一般国際法に関するサイトが多くの大学および団体により運営されている。アメリカ国際法学会 <https://www.asil.org/> および欧州国際法学会 <https://esil-sedi.eu/> のサイトはとくに役立つが、決してそれらだけが有益であるというわけではない。

今後の学びに向けて —— 読書案内

※以下の書誌情報および URL を翻訳文では適宜更新している

専門家ではない人たちのためにもっと詳しく書かれた国際法入門書として、たとえば、Andrew Clapham, *Brierly's Law of Nations* (7th ed.), Oxford University Press, 2012 および拙著 *International Law*, Oxford University Press, 2007 がある。論文集としては Malcolm Evans (ed.), *International Law* (5th ed.), Oxford University Press, 2018 があり、とくに法律専門家でない人々に向いている詳細な上級入門書である。*Max Planck Encyclopedias of International Law*（Oxford University Press 刊行、定期的に補遺・改訂され、オンラインおよび印刷版でも利用可能）に収録されている論文は、数多くの重要概念について最新の説明を非常にわかりやすく提供している。高等法学研究所（ロンドン大学）がオンライン刊行している *Introduction to Legal Research in Public International Law* およびオックスフォード大学出版会がオンライン刊行している *Oxford Bibliographies in International Law* は、さらに研究を進めるために適切な出発点となっている。

国際関係の観点から、しかし多くの場合経験よりはむしろ理論に照らして、国際法を論じる書物も数多く存在する。Louis Henkin, *How Nations Behave: Law and Foreign Policy* (2nd ed.), Columbia University Press, 1979 は名著であり、今でも一読に値する。Jack L. Goldsmith and Eric A. Posner, *The Limits of International Law*, Oxford University Press, 2005 は、理想主義またおそらくは楽観主義に対する戒めの書である。Philip Allott, *Eunomia: New Order for a New World* (2nd ed.), Oxford University Press, 2001 は、国際法およびそれが世界をより良い場所とする潜在力について根本的に異なる、もっと有望な見解を提示している。

編著、明石書店)、『開かれた入管・難民法をめざして』(共著、日本評論社)他。

小坂田裕子(おさかだ・ゆうこ)第3章
京都大学大学院人間・環境学研究科博士課程修了。日本学術振興会・特別研究員(PD)、中京大学法学部教授などを経て、現在、中央大学法科大学院教授。専門は国際人権法。主な著書に『先住民族と国際法』(信山社)、『考えてみよう先住民族と法』(共編著、信山社)、『開かれた入管・難民法をめざして』(共著、日本評論社)他。

望月康恵(もちづき・やすえ)第4章
国際基督教大学大学院行政学研究科博士課程修了。博士(学術)。専門は国際法、国際機構論。現在、関西学院大学法学部教授。主な著訳書に『移行期正義』(法律文化社)、クラステフ『アフター・ヨーロッパ』(共訳、岩波書店)、『平和構築と個人の権利』(共著、広島大学出版会)、ブラッドフォード『ブリュッセル効果 EU の覇権戦略』(共訳、白水社)他。

小島千枝(こじま・ちえ)第5章
中央大学大学院法学研究科博士後期課程修了、博士(法学)取得。イェール大学ロースクール J.S.D. 課程修了、J.S.D. 取得。マックス・プランク比較公法国際法研究所上級研究員、世界海事大学助教授、武蔵野大学法学部教授などを経て、現在、中央大学法学部教授。専門は国際海洋法。主な著書に『海と国際法』(共著、信山社)他。

国松麻季(くにまつ・まき)第6・7章
米ジョージタウン大学ローセンター修了。LL.M(国際関係法)。専門は国際経済法、通商政策。現在、中央大学国際経営学部教授。主な著訳書に『TPP コンメンタール』(共著、日本関税協会)、『講座　国際経済法』(共著、東進堂)、『通商産業政策史　通商・貿易政策』(共著、経済産業調査会)、ブラッドフォード『ブリュッセル効果 EU の覇権戦略』(共訳、白水社)他。

訳者略歴

庄司克宏（しょうじ・かつひろ）監訳、はしがき、第1章前半
1957年生まれ。慶應義塾大学大学院法学研究科博士課程単位取得退学。横浜国立大学大学院国際社会科学研究科教授、慶應義塾大学大学院法務研究科教授などを経て、現在、慶應義塾大学名誉教授、中央大学総合政策学部教授。主な著訳書に『欧州連合』（岩波新書）、『はじめてのEU法』（有斐閣）、『新EU法基礎篇』・『新EU法政策篇』（以上、岩波書店）、『欧州ポピュリズム』（ちくま新書）、ブラッドフォード『ブリュッセル効果 EUの覇権戦略』（監訳、白水社）他。

佐藤真紀（さとう・まき）第1章後半
1974年生まれ。中央大学法学部法律学科卒。専門はEU法、国際ビジネス法、電気通信事業法。現在、慶應義塾大学大学院法務研究科非常勤講師、KHネオケム株式会社経営管理部長。主な著訳書に『電気通信事業における接続と競争政策』（共著、三省堂）、『インターネットの自由と不自由』（共著、法律文化社）、庄司・マドゥーロ共編『トランスナショナル・ガバナンス』（共著、岩波書店）、ブラッドフォード『ブリュッセル効果 EUの覇権戦略』（共訳、白水社）他。

中坂恵美子（なかさか・えみこ）第2章
名古屋大学大学院法学研究科博士課程後期課程単位取得退学。広島大学総合科学部准教授、広島大学大学院社会科学研究科教授を経て、現在、中央大学文学部教授。主な著書に『難民問題と『連帯』』（東信堂）、『包摂・共生の政治か、排除の政治か』（共著、明石書店）、『人の移動とエスニシティ』（共

かんがえる国際法

二〇二四年 四 月一五日 印刷
二〇二四年 五 月 五 日 発行

著　者　ヴォーン・ロウ
監訳者©　庄　司　克　宏
訳　者©　小坂田　裕　子
　　　　　国　松　麻　季
　　　　　小　島　千　枝
　　　　　佐　藤　真　紀
　　　　　中　坂　恵美子
　　　　　望　月　康　恵
発行者　岩　堀　雅　己
印刷所　株式会社三秀舎
発行所　株式会社白水社

東京都千代田区神田小川町三の二四
電話　営業部〇三（三二九一）七八一一
　　　編集部〇三（三二九一）七八二一
振替　〇〇一九〇・五・三三二二八
郵便番号　一〇一・〇〇五二
www.hakusuisha.co.jp
乱丁・落丁本は、送料小社負担にてお取り替えいたします。

株式会社松岳社

ISBN978-4-560-09284-2

Printed in Japan